Impressum
Verlag: BABADADA GmbH, Nedderfeld 112 , 22529 Hamburg
Geschäftsführer / Verlagsleitung: Harald Hof
Druck: Books on Demand GmbH, In de Tarpen 42, 22848 Norderstedt

Imprint
Publisher: BABADADA GmbH, Nedderfeld 112 , 22529 Hamburg, Germany
Managing Director / Publishing direction: Harald Hof
Print: Books on Demand GmbH, In de Tarpen 42, 22848 Norderstedt

# اسکول
# koulu

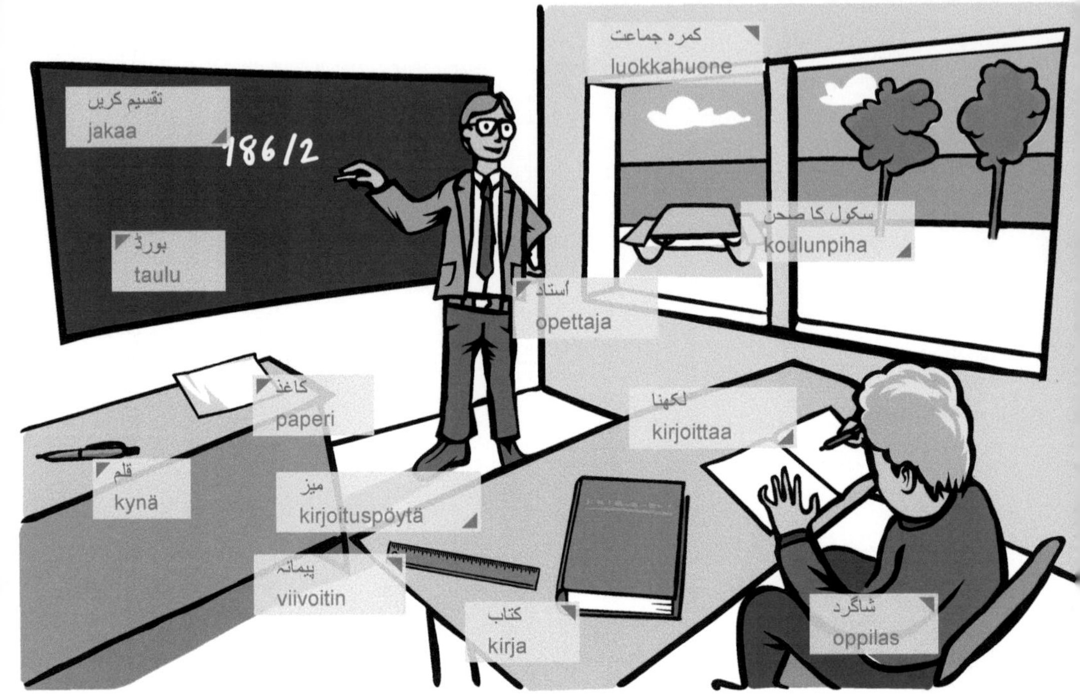
کمرہ جماعت
luokkahuone
تقسیم کریں
jakaa
186/2
بورڈ
taulu
اُستاد
opettaja
سکول کا صحن
koulunpiha
کاغذ
paperi
لکھنا
kirjoittaa
قلم
kynä
میز
kirjoituspöytä
پیمانہ
viivoitin
کتاب
kirja
شاگرد
oppilas

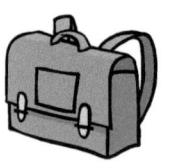

بستہ

reppu

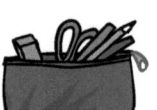

پینسل کیس

penaali

پینسل

lyijykynä

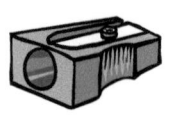

پینسل شارپنر

kynänteroitin

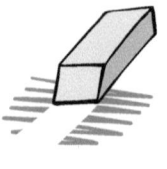

ربڑ

pyyhekumi

ڈرائنگ پیڈ

piirustuslehtiö

ڈراننگ

piirustus

پینٹ برش

pensseli

پینٹ باکس

vesivärit

قینچی

sakset

گوند

liima

مشق کی کاپی

harjoituskirja

ہوم ورک

kotitehtävä

**12**

بندسہ

luku

**2+2**

جمع کریں

lisätä

**5-2**

منفی کریں

vähentää

**2×2**

ضرب دیں

kertoa

شمارکریں

laskea

**A**

خط

kirjain

**ABCDEFG HIJKLMN OPQRSTU VWXYZ**

حروف تہجی

aakkoset

**hello**

لفظ

sana

متن
........
teksti

پڑھنا
........
lukea

چاک
........
liitu

سبق
........
oppitunti

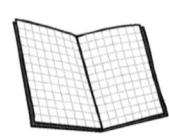

اندراج
........
opettajan muistikirja

امتحان
........
koe

سند
........
todistus

سکول یونیفارم
........
koulupuku

تعلیم
........
koulutus

انسائیکلوپیڈیا
........
sanakirja

یونیورسٹی
........
yliopisto

خورد بین
........
mikroskooppi

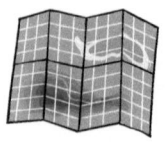

نقشہ
........
kartta

ویسٹ پیپرباسکٹ
........
roskakori

# سفر

# matka

ہوٹل
hotelli
Grand
ہاسٹل
retkeilymaja
ROOMS
EXCHANGE
رقم تبدیل کرانے کیلئے دفتر
rahanvaihto
سوٹ کیس
matkalaukku
کار
auto


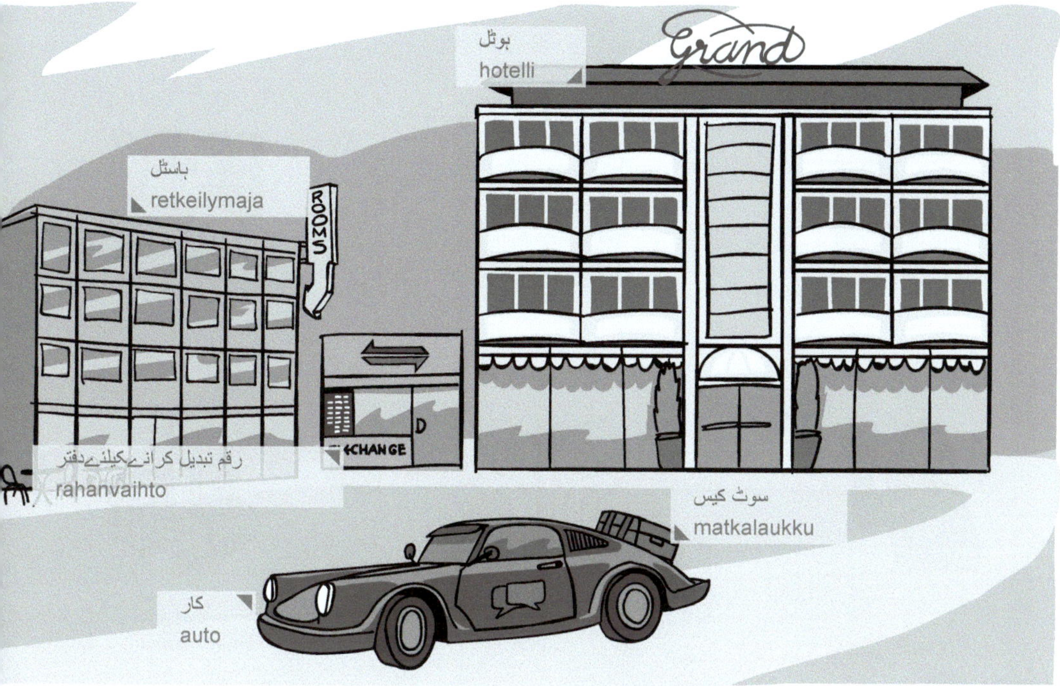

زبان

kieli

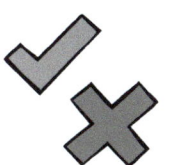

ہاں / نہیں

kyllä / ei

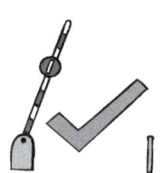

ٹھیک ہے

selvä

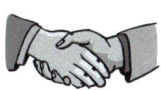

ہیلو

hei

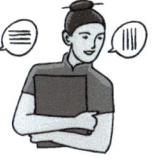

مُترجم

tulkki

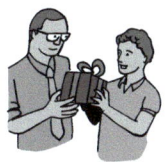

شُکریہ

kiitos

کی کیا قیمت ہے؟ ---

Paljonko...maksaa?

میں نہیں سمجھتا

en ymmärrä

مشکل

ongelma

شام بخیر!

Hyvää iltaa!

صبح بخیر!

Hyvää huomenta!

شب بخیر!

Hyvää yötä!

الوداع

näkemiin

سمت

suunta

سفری سامان

matkatavarat

بیگ

laukku

بیگ پیک

reppu

مہمان

vieras

کمرہ

huone

سلیپنگ بیگ

makuupussi

ٹینٹ

teltta

سياحوں کیلئے معلومات

turisti-info

ساحل

ranta

کریڈٹ کارڈ

luottokortti

ناشتہ

aamupala

لنچ

lounas

ڈنر

päivällinen

ٹکٹ

matkalippu

لفٹ

hissi

مُہر

postimerkki

سرحد

raja

کسٹمز

tulli

سفارت خانہ

suurlähetystö

ویزا

viisumi

پاسپورٹ

passi

# نقل وحمل

# kuljetus

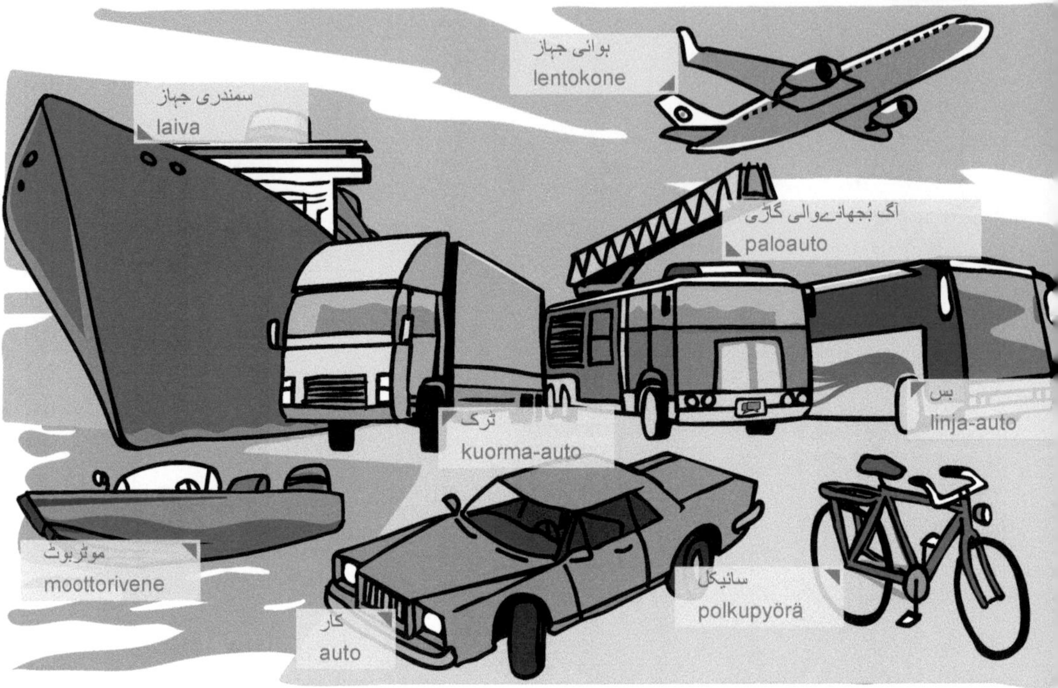

ہوائی جہاز
lentokone
سمندری جہاز
laiva
آگ بُجھانےوالی گاڑی
paloauto
بس
linja-auto
ٹرک
kuorma-auto
موٹربوٹ
moottorivene
کار
auto
سائیکل
polkupyörä


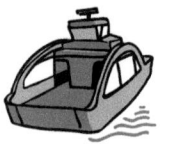

فیری

lautta

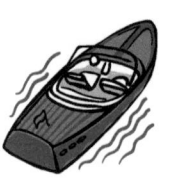

کشتی

vene

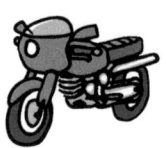

موٹرسائیکل

moottoripyörä

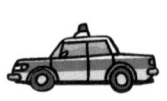

پولیس کار

poliisiauto

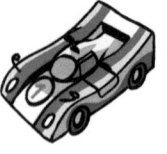

ریسنگ کار

kilpa-auto

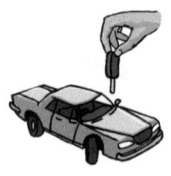

کرایہ پرکار

vuokra-auto

کار کا اشتراک کرنا

car sharing

کھینچنے والا ٹرک

hinausauto

کوڑے والا ٹرک

roska-auto

کار

moottori

ایندھن

polttoaine

پٹرول اسٹیشن

huoltoasema

ٹریفک کے نشانات

liikennemerkki

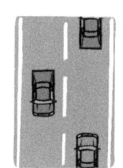

ٹریفک

liikenne

ٹریفک جام

ruuhka

کار پارک

parkkipaikka

ٹرین اسٹیشن

rautatieasema

پٹریاں

raiteet

ٹرین

juna

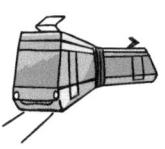

ٹرام

raitiovaunu

ویگن

vaunu

بیلی کاپٹر

helikopteri

انرپورٹ

lentokenttä

ٹاور

lähilennonjohto

مسافر

matkustaja

کنٹینر

kontti

ڈبہ

pahvilaatikko

ریڑھا

kärryt

ٹوکری

kori

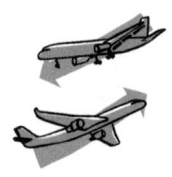

اڑان بھرنا / زمین پراترنا

nousta / laskea

---

شہر

# kaupunki

گاؤں

kylä

سٹی سنٹر

keskusta

مکان

talo

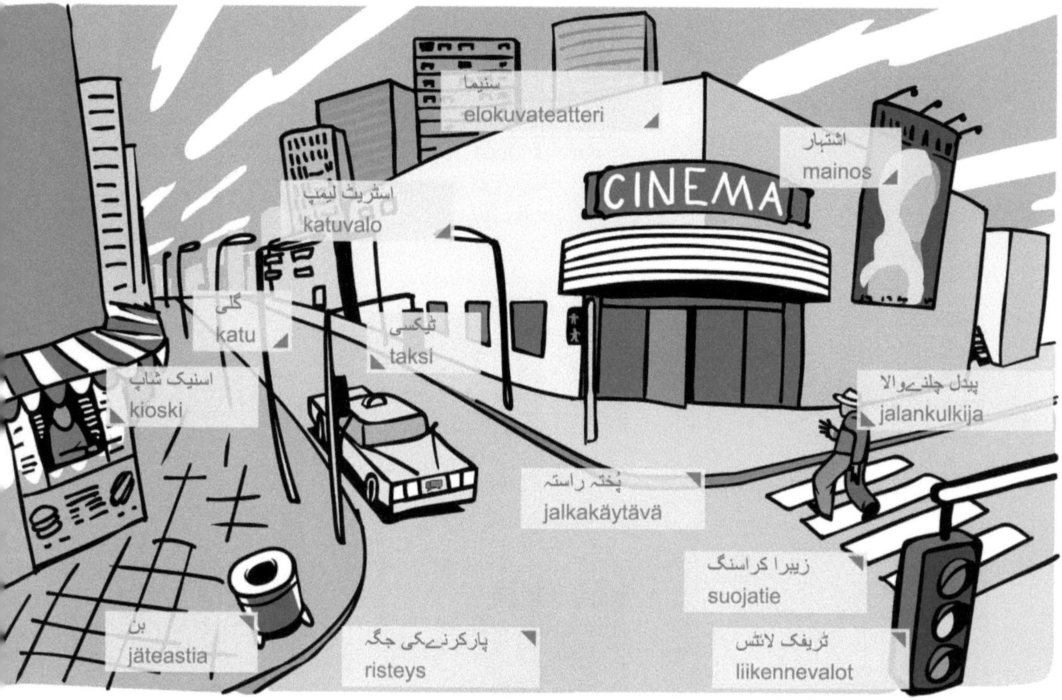
سنیما
elokuvateatteri
CINEMA
اشتہار
mainos
اسٹریٹ لیمپ
katuvalo
گلی
katu
ٹیکسی
taksi
اسنیک شاپ
kioski
پیدل چلنےوالا
jalankulkija
پختہ راستہ
jalkakäytävä
زیبرا کراسنگ
suojatie
بن
jäteastia
پارکرنےکی جگہ
risteys
ٹریفک لائٹس
liikennevalot

ہٹ

mökki

فلیٹ

kerrostalo

ٹرین اسٹیشن

rautatieasema

ٹاؤن ہال

kaupungintalo

MUSEUM

عجائب گھر

museo

اسکول

koulu

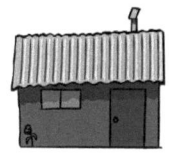

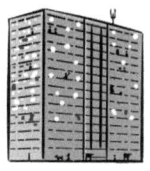

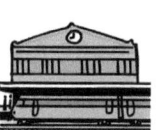

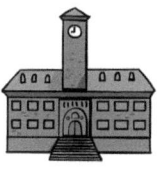

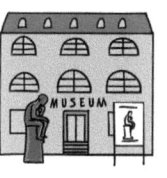

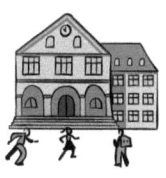

یونیورسٹی

yliopisto

بینک

pankki

ہسپتال

sairaala

ہوٹل

hotelli

فارمیسی

apteekki

دفتر

toimisto

کتابوں کی دکان

kirjakauppa

دکان

liike

پھولوں کی دکان

kukkakauppa

سُپرمارکیٹ

supermarketti

مارکیٹ

tori

ڈیپارٹمنٹ سٹور

tavaratalo

مچھلی کی دُکان

kalakauppias

شاپنگ سنٹر

ostoskeskus

بندرگاہ

satama

پارک

puisto

بنچ

penkki

پُل

silta

سیڑھیاں

portaat

انڈرگراؤنڈ

metro

سرُنگ

tunneli

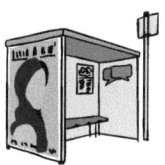

بس اسٹاپ

linja-autopysäkki

شراب خانہ

baari

ریسٹورنٹ

ravintola

پوسٹ باکس

postilaatikko

اسٹریٹ سائن

katukyltti

پارکنگ میٹر

parkkimittari

چڑیا گھر

eläintarha

سوئمنگ پول

uimala

مسجد

moskeija

كهيت

maatila

آلودگی

ympäristön saastuminen

قبرستان

hautausmaa

چرچ

kirkko

کھیل کا میدان

leikkikenttä

مندر

temppeli

منظر

# maisema

پتّہ
lehti

رہنمائی کرنے لئے لگا ہوا بورڈ
tienviitta

راستہ
tie

سبزہ زار
niitty

پتھر
kivi

درخت
puu

پیدل چلنے والا، ہائکر
retkeilijä

دریا
joki

گھاس
ruoho

پھول
kukka

وادی
.................
laakso

پہاڑی
.................
vuori

جھیل
.................
järvi

جنگل
.................
metsä

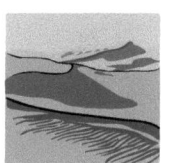

صحرا
.................
aavikko

آتش فشاں
.................
tulivuori

قلعہ
.................
linna

قوس قزح
.................
sateenkaari

کھمبی
.................
sieni

کجھور کا درخت
.................
palmu

مچھر
.................
hyttynen

مکھی
.................
kärpänen

چیونٹی
.................
muurahainen

مکھی
.................
mehiläinen

مکڑا
.................
hämähäkki

بھونرا
kovakuoriainen

مینڈک
sammakko

گلہری
orava

خارپُشت
siili

خرگوش
jänis

الو
pöllö

پرندہ
lintu

راج ہنس
joutsen

سؤر
villisika

ہرن
peura

امریکی بارہ سنگھا
hirvi

ڈیم
pato

ہوا سےچلنےوالی ٹربائین
tuulimylly

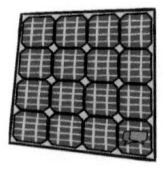

سولرپینل
aurinkopaneeli

آب وہوا
ilmasto

# ریسٹورنٹ
# ravintola

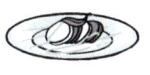

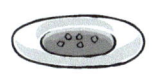

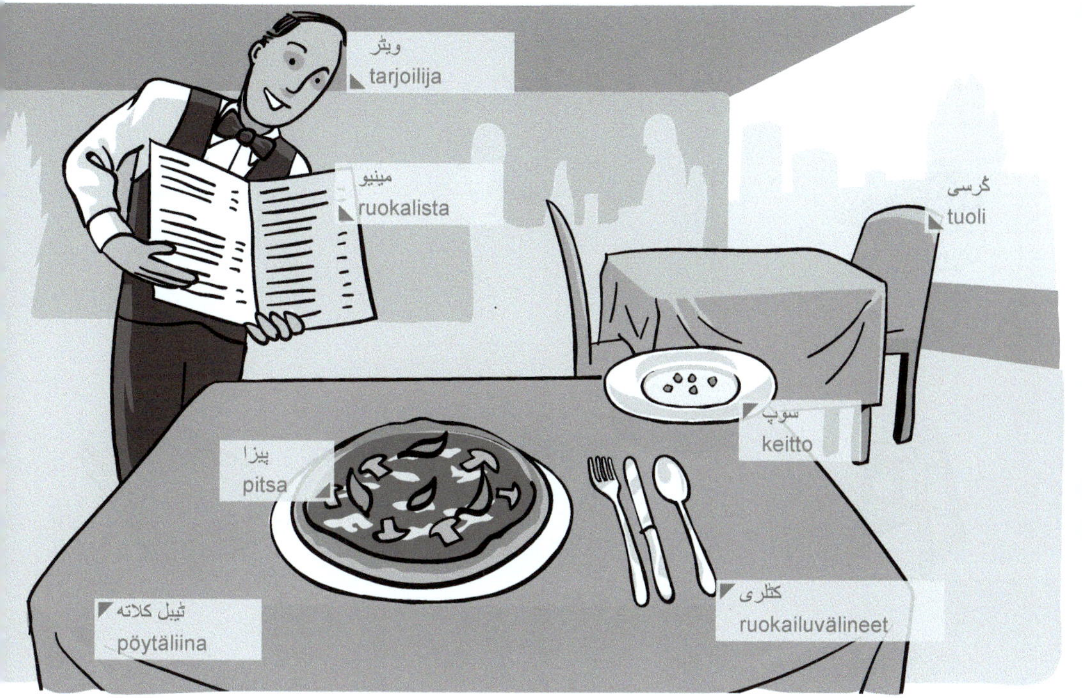

ویٹر
tarjoilija
مینیو
ruokalista
کرسی
tuoli
سوپ
keitto
پیزا
pitsa
ٹیبل کلاتھ
pöytäliina
کٹلری
ruokailuvälineet


استارٹر
alkuruoka

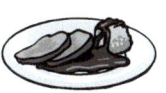

مین کورس
pääruoka

ڈیزرٹ
jälkiruoka

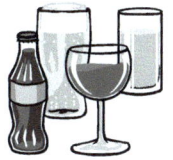

مشروبات
juomat

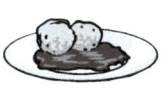

کھانے کی اشیاء
ruoka

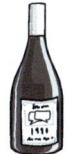

بوتل
pullo

فاسٹ فوڈ

pikaruoka

اسٹریٹ فوڈ

katuruoka

چائے دانی

teekannu

شوگر باکس

sokeriastia

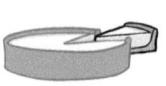

حصہ

annos

ایسپریسو مشین

espressokeitin

اونچی کرسی

syöttötuoli

بل

lasku

ٹرے

tarjotin

چھُری

veitsi

کانٹا

haarukka

چمچ

lusikka

چائے کا چمچ

teelusikka

سروینیٹی

servietti

شیشہ

lasi

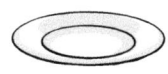

پلیٹ
lautanen

سوپ پلیٹ
syvä lautanen

طشتری
aluslautanen

چٹنی
kastike

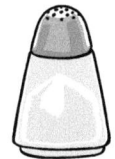

سالٹ شیکر
suolasirotin

پیپرمل
pippurimylly

سرکہ
etikka

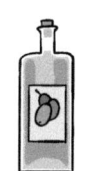

خوردنی تیل
öljy

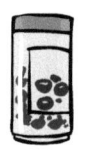

مصالحے
mausteet

کیچپ
ketsuppi

سرسوں
sinappi

میئونیز
majoneesi

# سُپرمارکیٹ

# supermarketti

خصوصی پیشکش
tarjous
FOR
گاہک
asiakas
ڈیری
maitotuotteet
پھل
hedelmät
ٹرالی
ostoskärryt


BUTCHERS


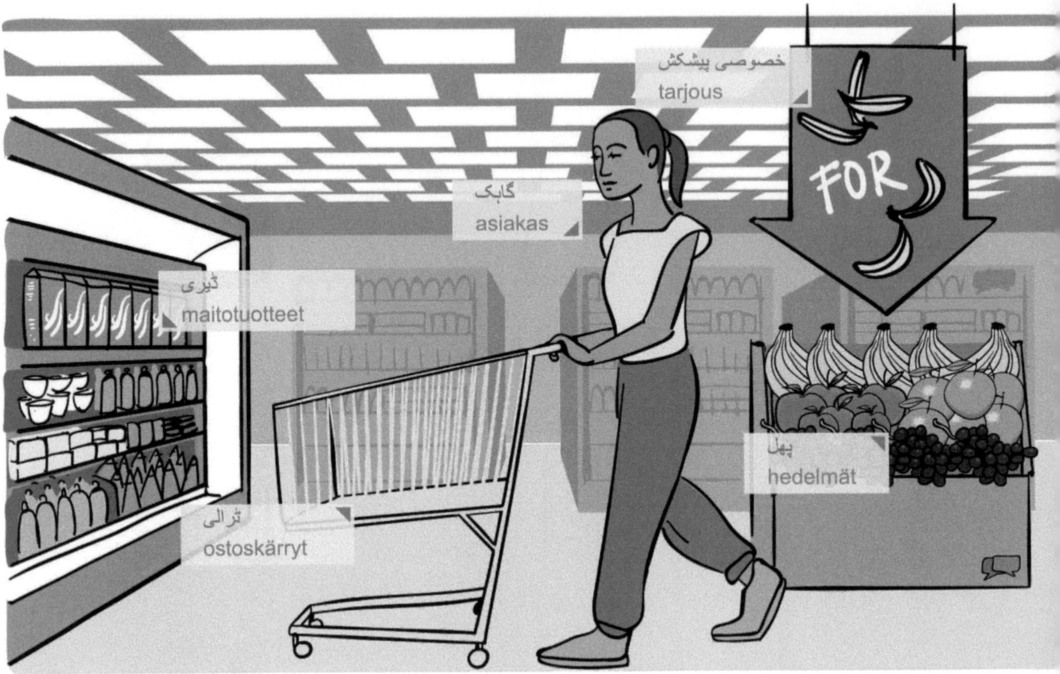

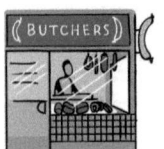

گوشت کی دُکان

teurastamo

BAKERY


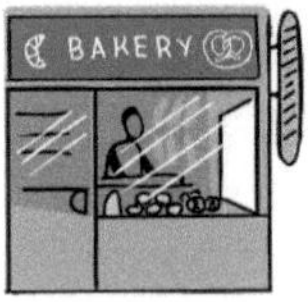

بیکری

leipomo

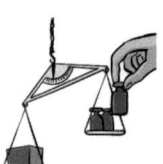

وزن کرنا

punnita

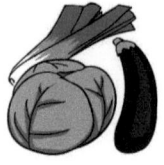

سبزیاں

kasvikset

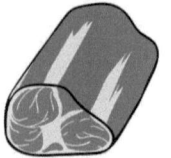

گوشت

liha

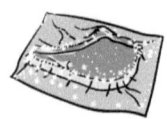

جما ہوا کھانا

pakasteet

كولڈ كٹس

leikkele

ڈبّےمیں بند كھانا

säilykkeet

واشنگ پاؤڈر

pesujauhe

مٹھائیاں

makeiset

گھریلو مصنوعات

kotitaloustarvikkeet

صاف كرنےکیلئےمصنوعات

puhdistusaineet

سیلزپرسن

myyjä

كیش رجسٹر

kassa

كیشنیر

kassanhoitaja

خریداری كی فہرست

ostoslista

اوقات كار

aukioloajat

بٹوہ

lompakko

كریڈٹ كارڈ

luottokortti

تھیلا

kassi

پلاسٹک كےتھیلے

muovipussi

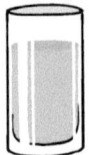

پانی

vesi

جوس، رس

mehu

دودھ

maito

کوک

kokis

وائن

viini

بیئر

olut

الكوحل

alkoholi

کوکوآ

kaakao

چائے

tee

کافی

kahvi

أيسپريسو

espresso

کیپاچینو

cappuccino

کیلا

banaani

سیب

omena

مالٹا

appelsiini

خربوزہ

meloni

لیموں

sitruuna

گاجر

porkkana

لہسن

valkosipuli

بانس

bambu

پیاز

sipuli

کھُمبی

sieni

اخروٹ، بادام وغیرہ

pähkinät

نوڈلز

spagetti

اسپیگیٹی
.............
spagetti

چاول
.............
riisi

سلاد
.............
salaatti

چپس
.............
ranskalaiset

تلے گئے آلو
.............
paistetut perunat

پیزا
.............
pitsa

بیم برگر
.............
hampurilainen

سینڈوچ
.............
voileipä

کٹلیٹ
.............
leike

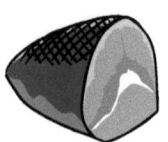

سؤرکی ران کا گوشت
.............
kinkku

گوشت کی اطالوی ساسیج
.............
salami

ساسیج
.............
makkara

مُرغی
.............
kana

روسٹ
.............
paisti

مچھلی
.............
kala

جئی کا دلیہ
..............
kaurahiutaleet

میوزلی
..............
mysli

کارن فلیکس
..............
murot

آٹا
..............
jauho

کرونیسنٹ
..............
voisarvi

بریڈ رول
..............
sämpylä

بریڈ
..............
leipä

ٹوسٹ
..............
paahtoleipä

بسکٹ
..............
keksit

مکھن
..............
voi

دہی
..............
rahka

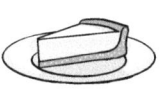

کیک
..............
kakku

انڈا
..............
kananmuna

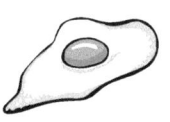

فرائی کیا گیا انڈہ
..............
paistettu kananmuna

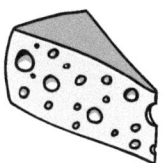

پنیر
..............
juusto

آئس کریم

jäätelö

چینی

sokeri

شہد

hunaja

جام

hillo

ناؤگٹ کریم

suklaapähkinälevite

سالن

curry

# کھیت
# maatila

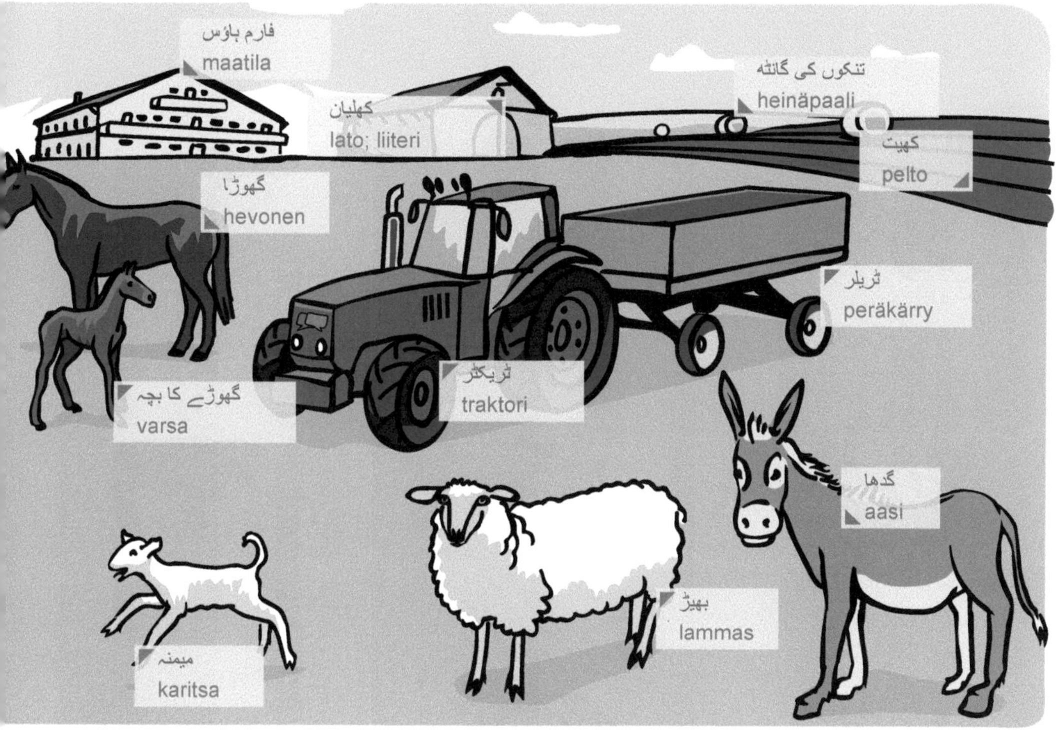

فارم ہاؤس
maatila
تنکوں کی گانٹھ
heinäpaali
کھلیان
lato; liiteri
کھیت
pelto
گھوڑا
hevonen
ٹریلر
peräkärry
ٹریکٹر
traktori
گھوڑے کا بچہ
varsa
گدھا
aasi
بھیڑ
lammas
میمنہ
karitsa


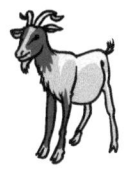

بکری

vuohi

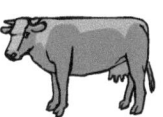

گائے

lehmä

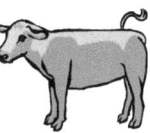

بچھڑا

vasikka

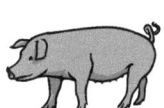

سؤر

sika

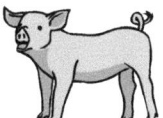

سؤر کا بچہ

porsas

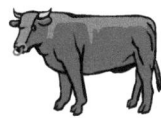

سانڈ

sonni

راج بنس

hanhi

بطخ

ankka

چوزه

tipu

مُرغی

kana

مُرغا

kukko

چوہا

rotta

بلی

kissa

چوہا

hiiri

بیلچہ

härkä

کتا

koira

کتے کا گھر

koirankoppi

گارڈن ہاؤس

puutarhaletku

پانی کا کین

kastelukannu

درانتی

viikate

ہل

aura

درانتی

sirppi

بیلچہ

kuokka

ترنگل

talikko

کلہاڑا

kirves

بتہ گاڑی

kottikärryt

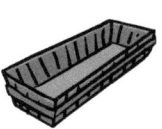

حوض

kaukalo

دودھ کا کین

maitokannu

تھیلا

säkki

باڑ

aita

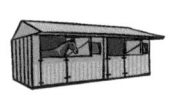

اصطبل

talli

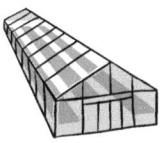

گرین ہاؤس

kasvihuone

مٹی

maa

بیج

siemen

فرٹیلائزر

lannoite

کمبائن ہارویسٹر

leikkuupuimuri

فصل كاٹنا

kerätä sato

فصل كاٹنا

sato

افریقی آلو

jamssit

گندم

vehnä

سویا

soija

آلو

peruna

مکئی

maissi

توریا کا تیل

rypsi

پھلداردرخت

hedelmäpuu

کساوا

maniokki

دلیم

vilja

# مکان

# talo

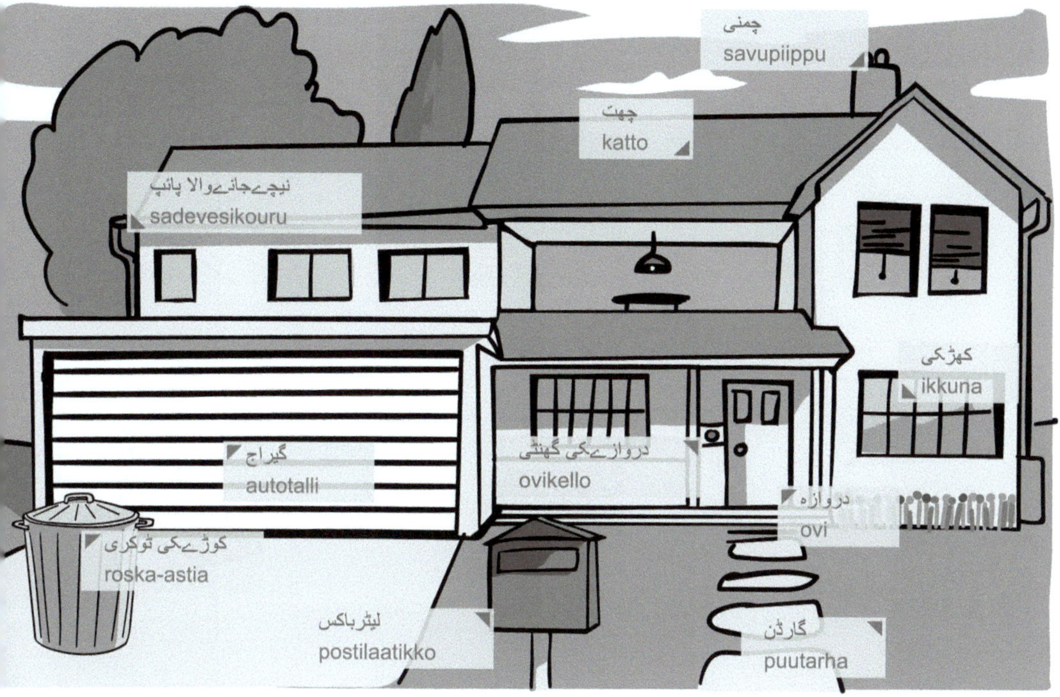

چمنی
savupiippu
چھت
katto
نیچےجانےوالا پائپ
sadevesikouru
کھڑکی
ikkuna
گیراج
autotalli
دروازےکی گھنٹی
ovikello
دروازہ
ovi
کوڑےکی ٹوکری
roska-astia
لیٹرباکس
postilaatikko
گارڈن
puutarha


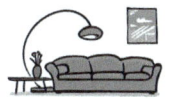

لوونگ روم
..................
olohuone

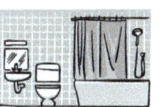

غسل خانہ
..................
kylpyhuone

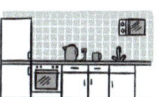

باورچی خانہ
..................
keittiö

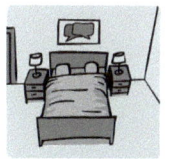

بیڈروم
..................
makuuhuone

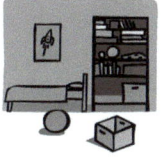

بچوں کا کمرہ
..................
lastenhuone

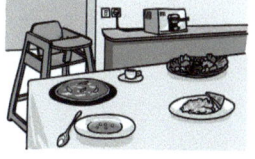

کھانےکا کمرہ
..................
ruokahuone

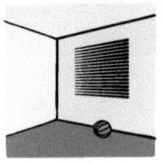

فرش
.............
lattia

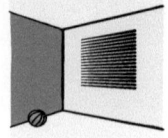

ديوار
.............
seinä

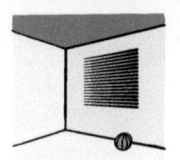

چھت
.............
katto

تہ خانہ
.............
kellari

سوانا
.............
sauna

بالکونی
.............
parveke

ٹیریس
.............
terassi

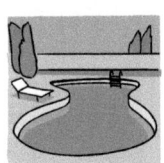

پول
.............
uima-allas

گھاس کاٹنے کی مشین
ruohonleikkuri

چادر
.............
lakana

چادر
.............
päiväpeitto

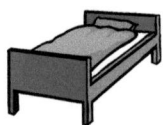

بستر
.............
sänky

جھاڑو
.............
harja

بالٹی
.............
ämpäri

سوئچ
.............
katkaisin

# لوونگ روم
# olohuone

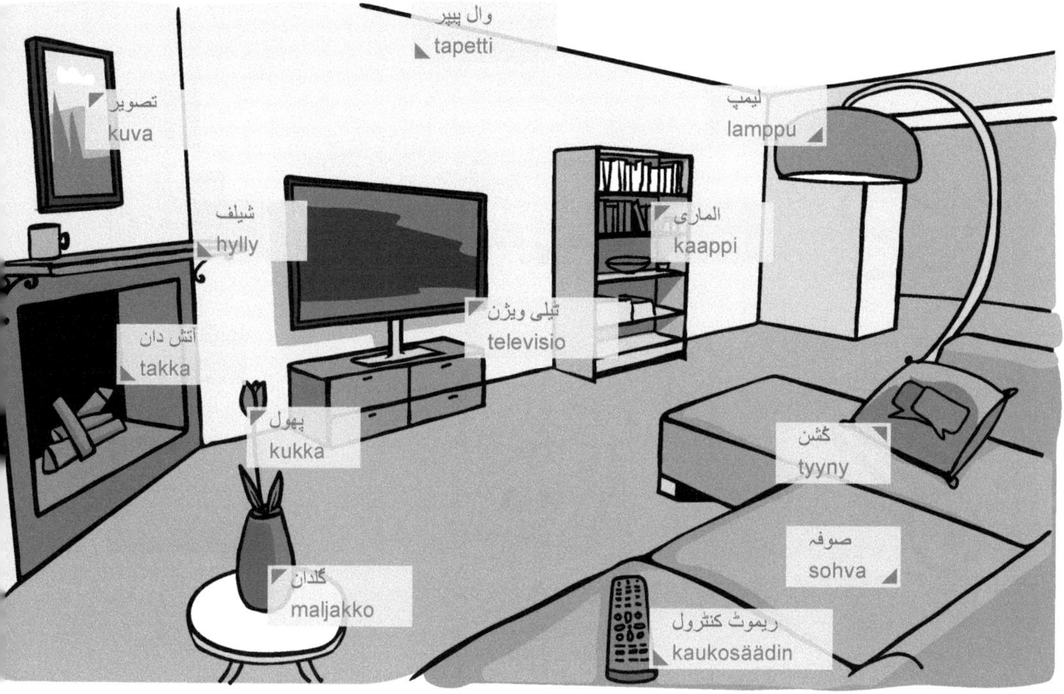

وال پیپر
tapetti
تصویر
kuva
لیمپ
lamppu
شیلف
hylly
الماری
kaappi
ٹیلی ویژن
televisio
آتش دان
takka
پھول
kukka
کُشن
tyyny
صوفہ
sohva
گلدان
maljakko
ریموٹ کنٹرول
kaukosäädin


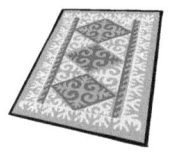

قالین

matto

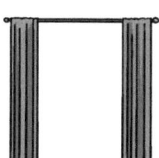

پردے

verho

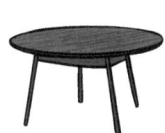

میز

pöytä

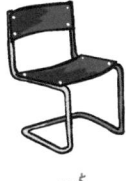

کُرسی

tuoli

ہلنےوالی کُرسی

keinutuoli

آرام کُرسی

nojatuoli

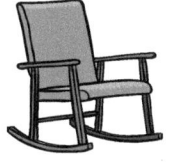

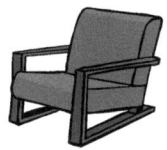

كتاب

kirja

كمبل

peitto

آرائش

koriste

جلانےکی لکڑی

polttopuut

فلم

elokuva

ہائی فائی

stereot

چابی

avain

اخبار

sanomalehti

پینٹنگ

maalaus

پوسٹر

juliste

ریڈیو

radio

نوٹ بُک

muistivihko

ویکیوم کلینر

pölynimuri

کیکٹس

kaktus

موم بتی

kynttilä

# باورچی خانہ
# keittiö

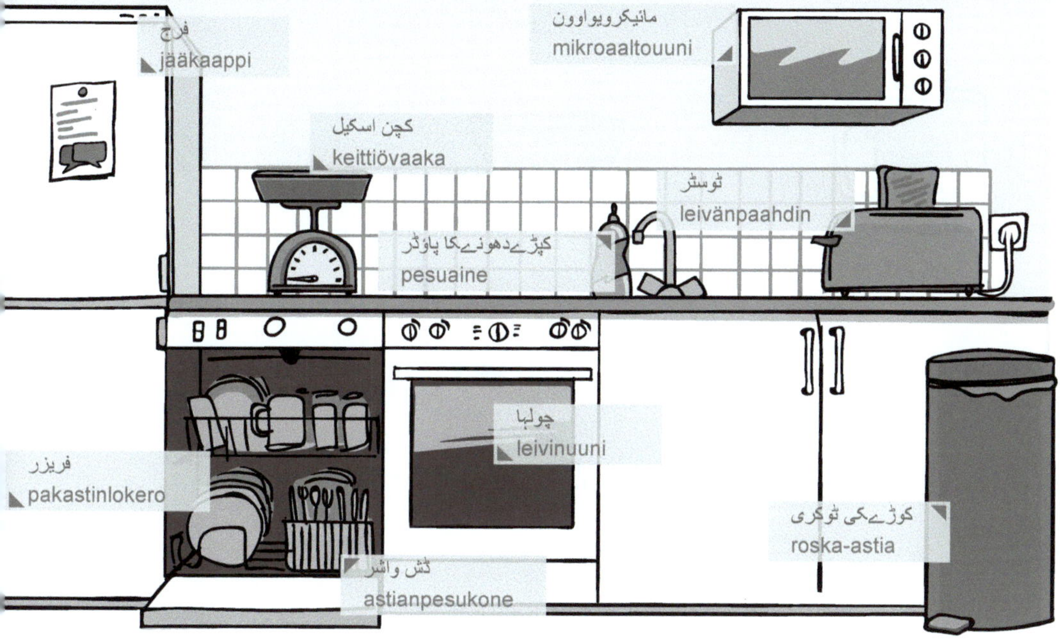
فرج
jääkaappi
مائیکروویواوون
mikroaaltouuni
کچن اسکیل
keittiövaaka
ٹوسٹر
leivänpaahdin
کپڑے دھونے کا پاؤڈر
pesuaine
چولہا
leivinuuni
فریزر
pakastinlokero
کوڑے کی ٹوکری
roska-astia
ڈش واشر
astianpesukone

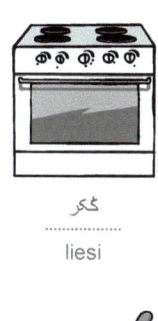

ککر
..................
liesi

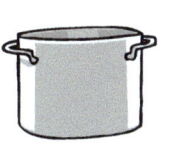

برتن
..................
kattila

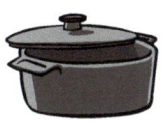

لوہے کا برتن
..................
rautapata

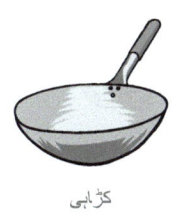

کڑاہی
..................
vokkipannu / kadai-pannu

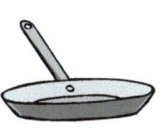

برتن
..................
paistinpannu

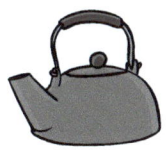

کیتلی
..................
teepannu

اسٹیمر

höyrykeitin

بیکنگ ٹرے

uunipelti

کراکری

astiat

مگ

muki

پیالہ

kulho

چاپ اسٹکس

syömäpuikot

ڈونی

kauha

کفچہ

paistinlasta

جھاڑودینا

vispilä

مقطر

siivilä

چھلنی

siivilä

گریٹر

raastin

کونڈی

mortteli

باربی کیو

grilli

کھُلی آگ

avotuli

چاپنگ بورڈ

leikkuulauta

بیلن

kaulin

کارک اسکریو

korkinavaaja

کین

purkki

کین اوپنر

purkinavaaja

برتن پکڑنےوالا کپڑا

pannulappu

سنک

lavuaari

برش

tiskiharja

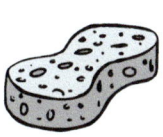

اسپونج

pesusieni

بلینڈر

tehosekoitin

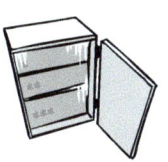

ڈیپ فریز

pakastin

بچّےکی بوتل

tuttipullo

ٹونٹی

vesihana

# غُسل خانہ

# kylpyhuone

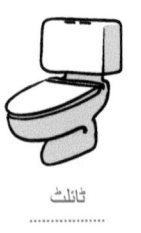

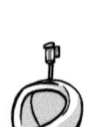

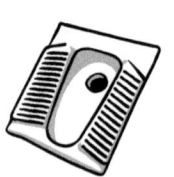

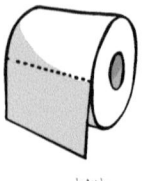

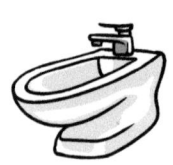

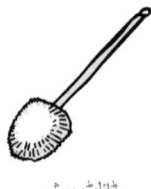

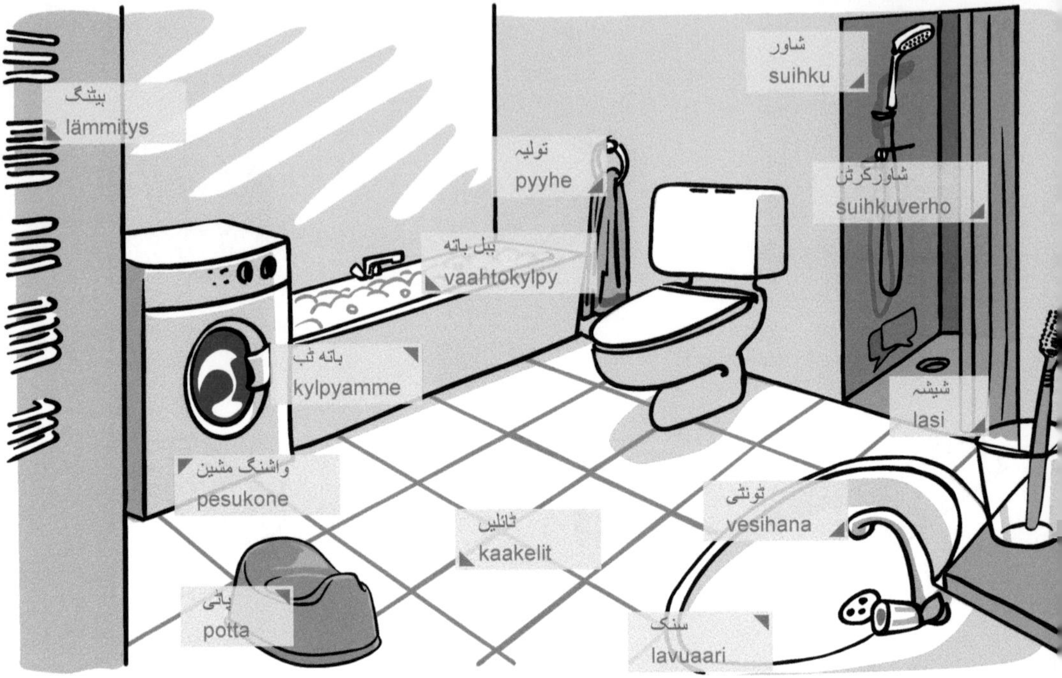

ہیٹنگ
lämmitys
تولیہ
pyyhe
شاور
suihku
شاورکرٹن
suihkuverho
ببل باتھ
vaahtokylpy
باتھ ٹب
kylpyamme
شیشہ
lasi
واشنگ مشین
pesukone
ٹونٹی
vesihana
ٹائلیں
kaakelit
پاٹی
potta
سنک
lavuaari


ٹائلٹ

vessa

دوزانوں بیٹھنےوالی ٹائلٹ

kyykkyvessa

نچلاحصہ دھونےکیلئےپاٹ

bidee

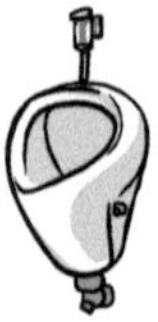

پیشاب گاہ

pisuaari

ٹائلٹ پیپر

vessapaperi

ٹائلٹ برش

vessaharja

ٹوتھ برش

hammasharja

ٹوتھ پیسٹ

hammastahna

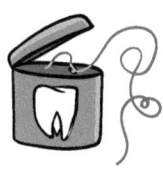

ڈینٹل فلاس

hammaslanka

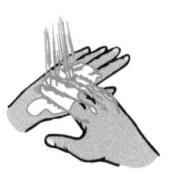

دھونا

pestä

ہینڈ شاور

käsisuihku

شاور

intiimisuihku

بیسن

pesuvati

بیک برش

selkäharja

صابن

saippua

شاورجل

suihkugeeli

شیمپو

shampoo

فلالین

pesulappu

ڈرین

viemäri

کریم

voide

ڈیوڈورنٹ

deodorantti

آئینہ

peili

ہاتھ میں پکڑا جانےوالا آئینہ

käsipeili

ریزر

partaveitsi

شیونگ فوم

partavaahto

آفٹر شیو

partavesi

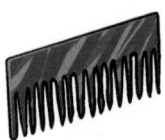

کنگھی

kampa

برش

harja

ہیئر ڈرائر

hiustenkuivaaja

ہیئر اسپرے

hiuslakka

میک اپ

meikki

لپ اسٹک

huulipuna

نیل وارنش

kynsilakka

رونی

pumpuli

ناخن کاٹنے کی قینچی

kynsisakset

پرفیوم

hajuvesi

واش بیگ

kosmetiikkalaukku

پاخانہ

jakkara

وزن کرنےکی مشین

vaaka

باتھ روب

kylpytakki

ربڑکےدستانے

kumihansikkaat

ٹیمپون

tamponi

سینیٹری ٹاول

terveysside

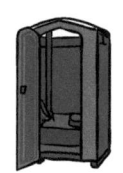

کیمیکل ٹائلٹ

kemiallinen wc

# بچوں کا کمرہ

# lastenhuone

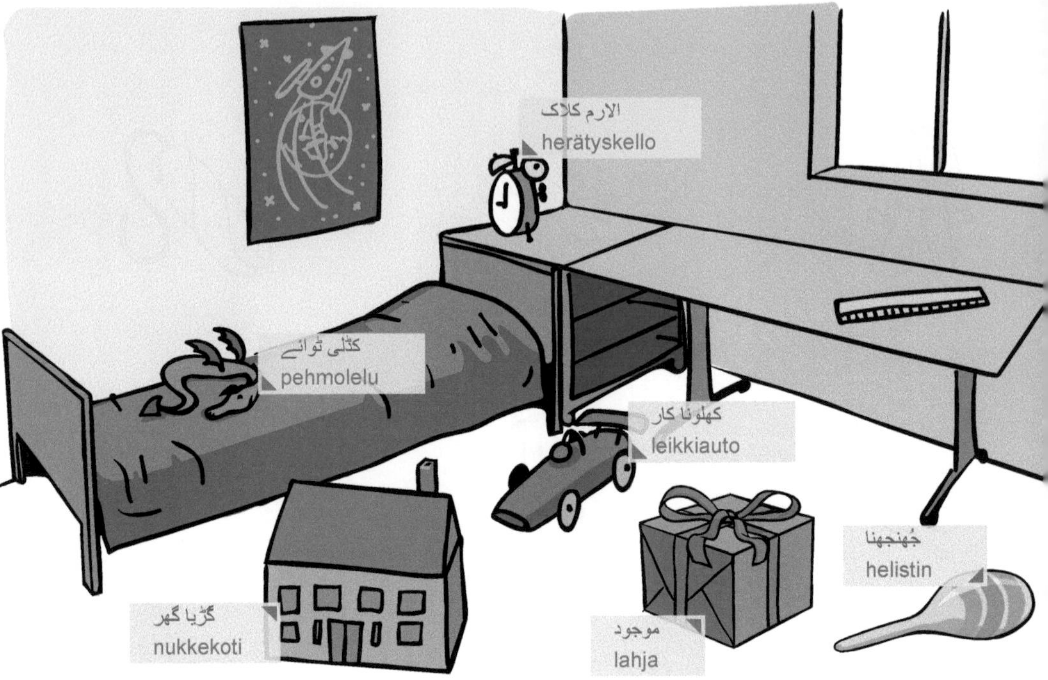

الارم کلاک
herätyskello
کڈلی ٹوائے
pehmolelu
کھلونا کار
leikkiauto
جُھنجھنا
helistin
گڑیا گھر
nukkekoti
موجود
lahja


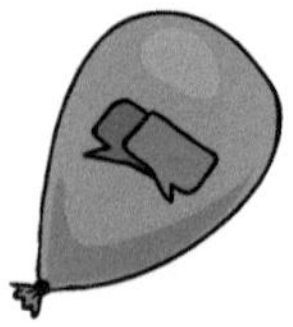

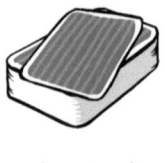

غبارہ

ilmapallo

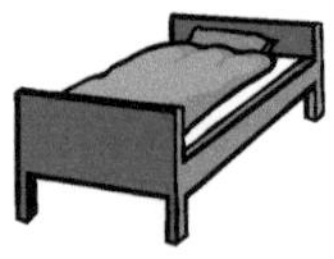

بستر

sänky

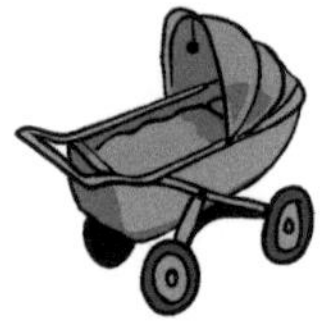

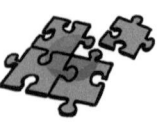

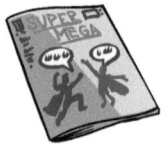

پرام

lastenvaunut

ڈیک آف کارڈز

korttipeli

جگسا

palapeli

SUPER
MEGA


کامک

sarjakuva

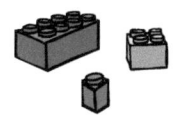

لیگوبرکس

legopalikat

کھلونا بلاکس

rakennuspalikat

ایکشن فگر

supersankari

بچےکا لباس

potkupuku

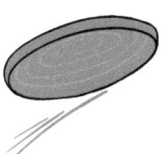

فرسبی

frisbee

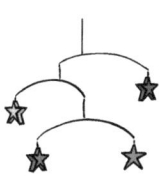

کھلونا موبائل

mobile

بورڈ گیم

lautapeli

ڈائس

noppa

ماڈل ٹرین سیٹ

pienoisjunarata

ڈمی

tutti

پارٹی

juhlat

تصاویروالی کتاب

kuvakirja

گیند

pallo

گڑیا

nukke

کھیلنا

leikkiä

سینڈ پٹ

hiekkalaatikko

جھولا جھولنا

keinu

کھلونے

lelut

وڈیوگیم کنسول

pelikonsoli

تین پہیوں والی سائیکل

kolmipyörä

ٹیڈی بیئر

nalle

کپڑوں کی الماری

vaatekaappi

موزے

sukat

اسٹاکنگز

nylonsukat

ٹائٹس

sukkahousut

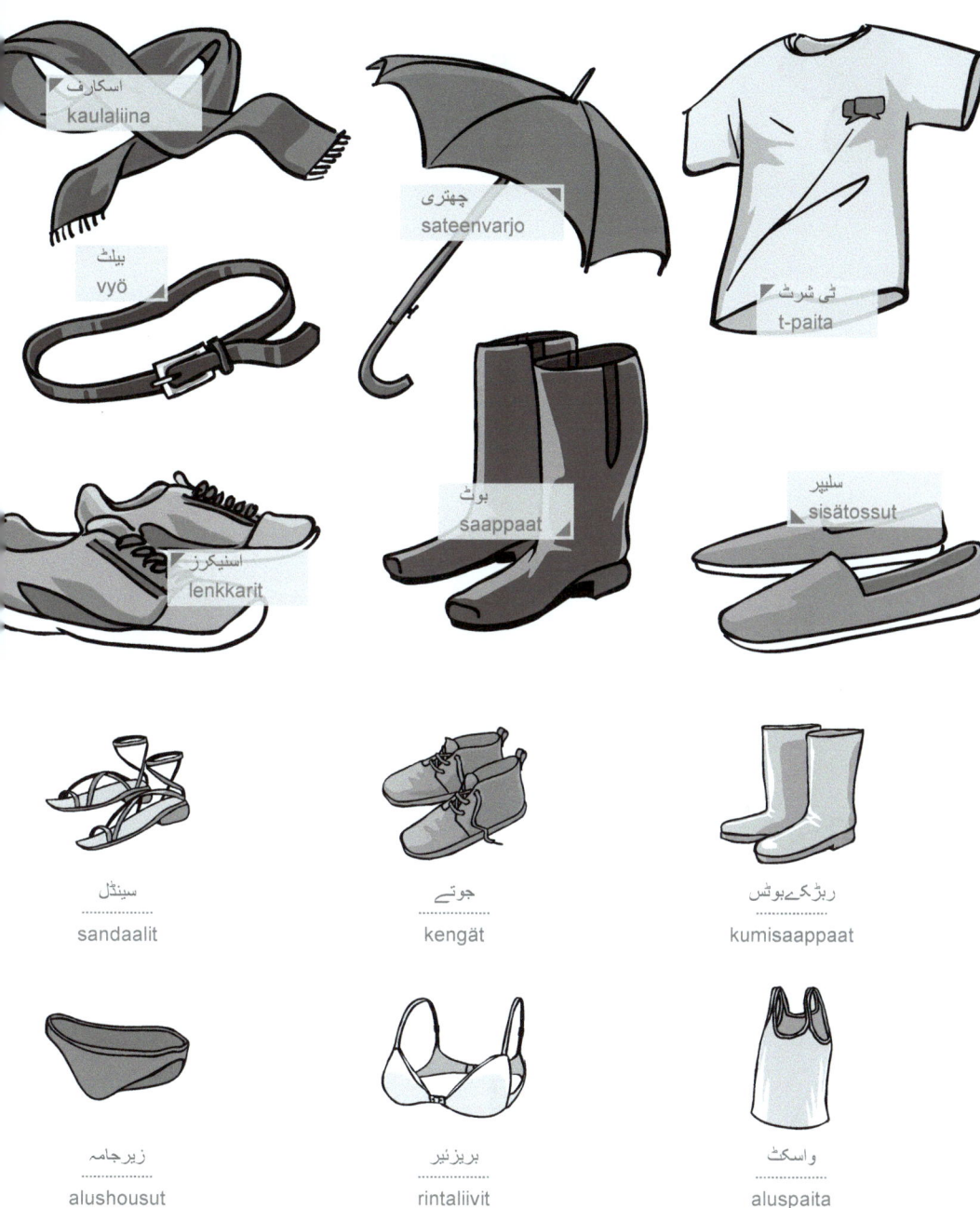

اسکارف
kaulaliina

چھتری
sateenvarjo

ٹی شرٹ
t-paita

بیلٹ
vyö

اسنیکرز
lenkkarit

بوٹ
saappaat

سلیپر
sisätossut

سینڈل
sandaalit

جوتے
kengät

ربڑ کے بوٹس
kumisaappaat

زیر جامہ
alushousut

بریزنیر
rintaliivit

واسکٹ
aluspaita

لباس - vaatteet        45

جسم

body

پتلون

housut

جینز

farkut

اسکرٹ

hame

بلاؤز

pusero

قمیض

paita

پُل اوور

villapaita

سویٹر

collegepaita

بلیزر

jakku

جیکٹ

takki

کوٹ

takki

رین کوٹ

sadetakki

کوئی خاص لباس

puku

لباس

mekko

شادی کا لباس

hääpuku

سوٹ
.................
puku

نائٹ گاؤن
.................
yöpaita

پائجامہ
.................
pyjama

ساڑھی
.................
shari

سرپرلیا جانےوالا اسکارف
.................
päähuivi

پگڑی
.................
turbaani

بُرقع
.................
burka

کفتان
.................
kaftaani

عبایہ
.................
abaya

تیراکی کا سوٹ
.................
uimapuku

ٹرنک
.................
uimahousut

نیکر
.................
shortsit

ٹریک سوٹ
.................
verkkarit

ایپرن
.................
esiliina

دستانے
.................
käsineet

بٹن

nappi

عینک

silmälasit

کنگن

rannekoru

ہار

kaulakoru

انگوٹھی

sormus

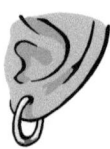

کانوں کی بالیاں

korvakoru

ٹوپی

lippalakki

کوٹ ہینگر

ripustin

ہیٹ

hattu

ٹائی

solmio

زپ

vetoketju

ہیلمٹ

kypärä

بریسز

henkselit

سکول یونیفارم

koulupuku

وردی

univormu

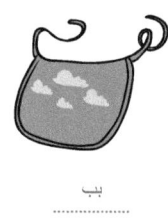

ٻب

ruokalappu

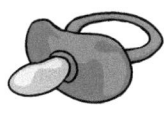

ڈمی

tutti

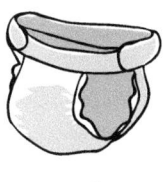

نیپی

vaippa

# دفتر

## toimisto

سرور
palvelin
فائلوں کی الماری
asiakirjakaappi
کاغذ
paperi
پرنٹر
tulostin
مانیٹر
näyttö
ماؤس
hiiri
میز
kirjoituspöytä
فولڈر
kansio
کی بورڈ
näppäimistö
ویسٹ پیپرباسکٹ
roskakori
کمپیوٹر
tietokone
کُرسی
tuoli


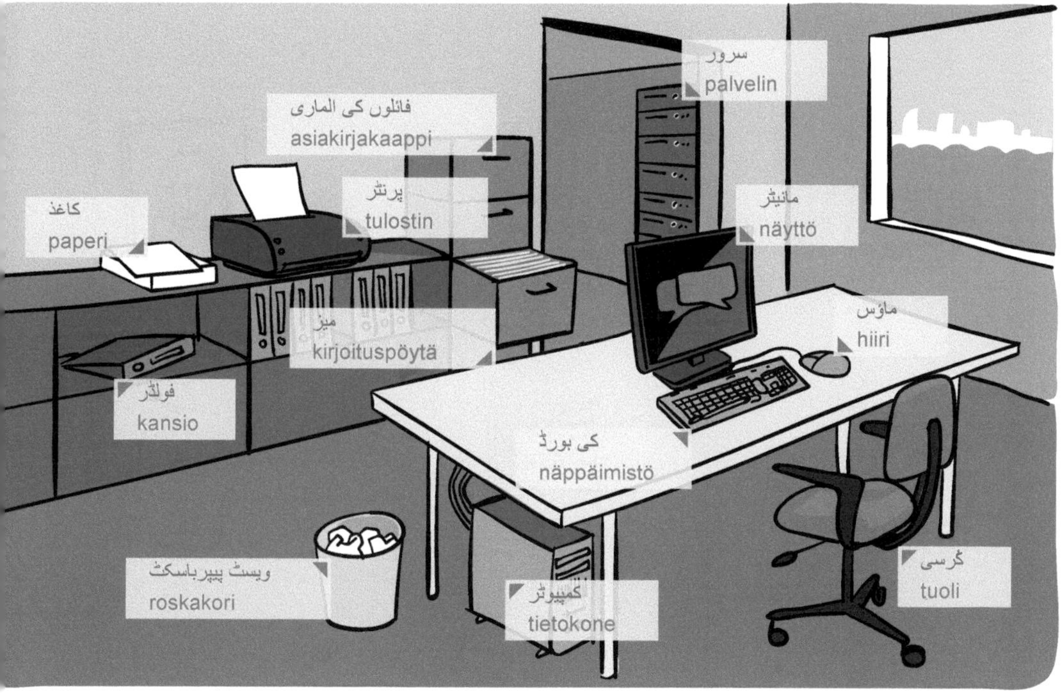

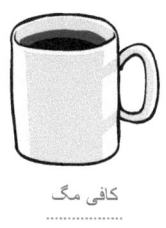

کافی مگ

kahvimuki

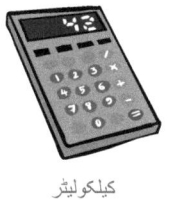

کیلکولیٹر

taskulaskin

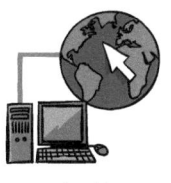

انٹرنیٹ

internet

لیپ ٹاپ

kannettava tietokone

خط

kirje

پیغام

viesti

موبائل

kännykkä

نیٹ ورک

verkko

فوٹوکاپیئر

kopiokone

سافٹ ویئر

ohjelmisto

ٹیلی فون

puhelin

پلگ ساکٹ

pistorasia

فیکس مشین

faksi

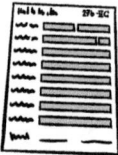

فارم

lomake

دستاویز

asiakirja

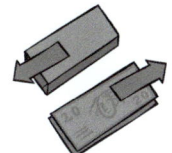

خريدنا

ostaa

ادائيگى كرنا

maksaa

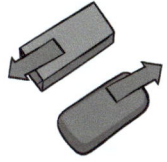

تجارت كرنا

vaihtaa

رقم

raha

ڈالر

dollari

يورو

euro

ين

jeni

روبل

rupla

سوئس فرانک

frangi

رينمينبى يوآن

renminbi juan

روپيہ

rupia

کيش پوائنٹ

pankkiautomaatti

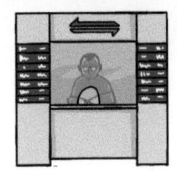

رقم تبدیل کرانے کیلئے دفتر

rahanvaihto

سونا

kulta

چاندی

hopea

خام تیل

öljy

توانائی

energia

قیمت

hinta

معاہدہ

sopimus

ٹیکس

vero

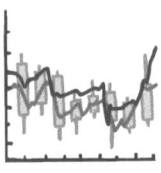

اسٹاک

osake

کام کرنا

työskennellä

ملازم

työntekijä

آجر

työnantaja

فیکٹری

tehdas

دکان

liike

# پیشے
# ammatit

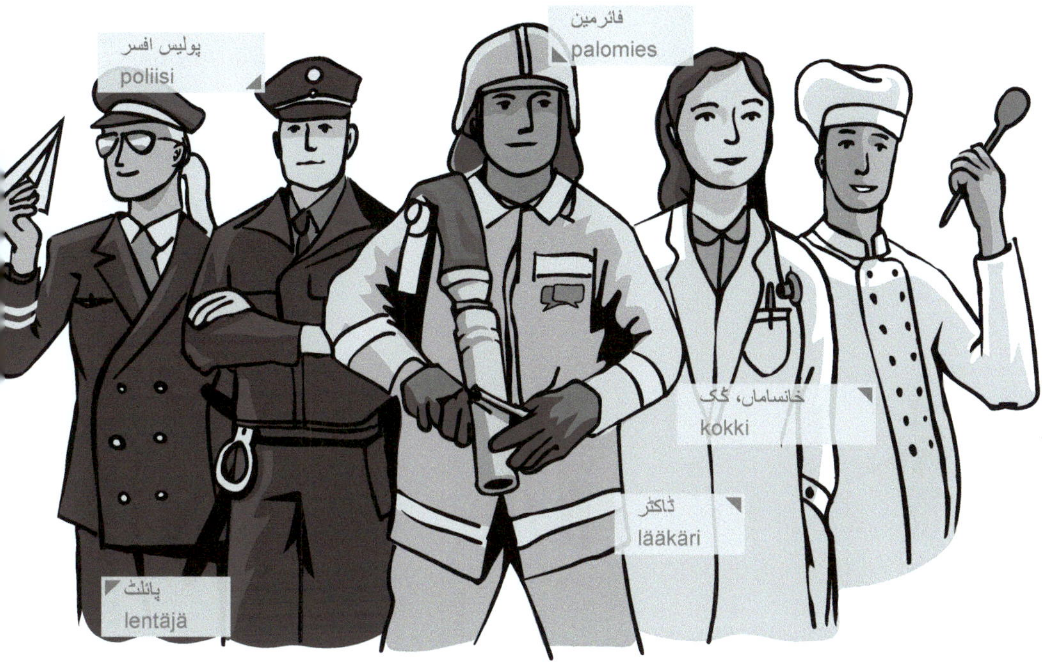

پولیس افسر
poliisi
فائرمین
palomies
خانساماں، کُک
kokki
ڈاکٹر
lääkäri
پائلٹ
lentäjä


مالی
..................
puutarhuri

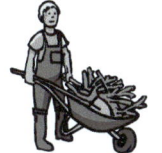

ترکھان
..................
puuseppä

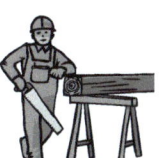

درزن
..................
ompelija

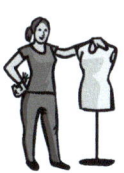

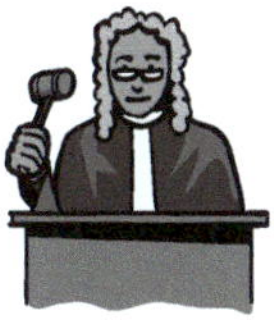

جج
..................
tuomari

کیمسٹ
..................
kemisti

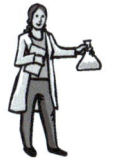

اداکار
..................
näyttelijä

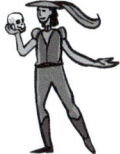

بس ٹرائیور

linja-autonkuljettaja

ٹیکسی ٹرائیور

taksinkuljettaja

مچھیرا

kalastaja

صفائی کرنےوالی عورت

siivooja

چھت بنانےوالا

katontekijä

ویٹر

tarjoilija

شکاری

metsästäjä

پینٹر

maalari

بیکر

leipuri

الیکٹریشین

sähköasentaja

بلڈر

rakentaja

انجینئر

insinööri

قصائی

teurastaja

پلمبر

putkiasentaja

ڈاکیا

postinjakaja

سپاہی

sotilas

آرکیٹیکٹ

arkkitehti

کیشئیر

kassanhoitaja

پھول بیچنےوالا

floristi

نائی

kampaaja

کنڈکٹر

konduktööri

مکینک

mekaanikko

کپتان

kapteeni

ڈینٹشٹ

hammaslääkäri

سائنسدان

tiedemies

یہودی عالم

rabbi

امام

imaami

راہب

munkki

پادری

pappi

# اوزار
# työkalut

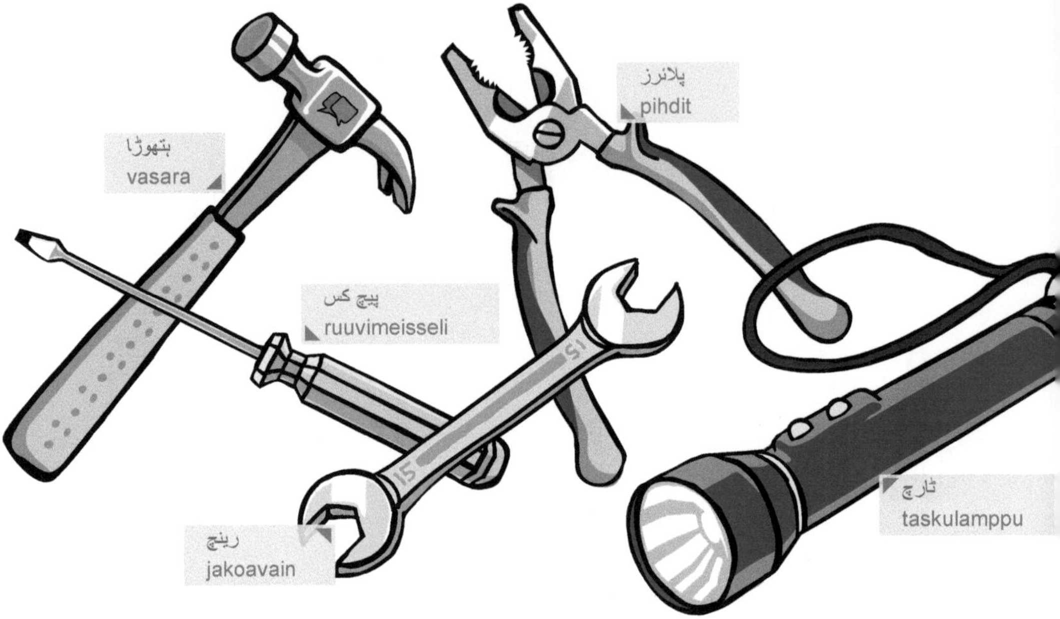

ہتھوڑا
vasara
پلائرز
pihdit
پیچ کس
ruuvimeisseli
رینچ
jakoavain
ٹارچ
taskulamppu


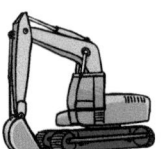

ایکسکویٹر

kaivinkone

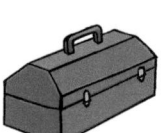

ٹول باکس

työkalupakki

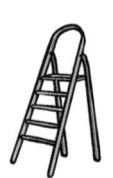

سیڑھی

tikkaat

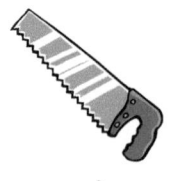

آری

saha

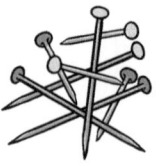

کیل

naulat

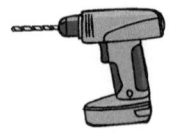

ڈرل

pora

مرمت کرنا

korjata

بیلچہ

lapio

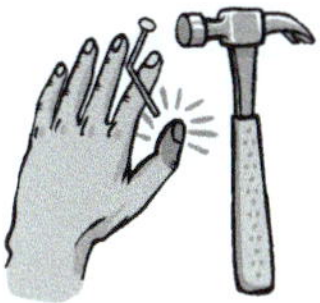

لعنت ہو!

Hitto!

ڈسٹ پین

rikkalapio

پینٹ پاٹ

maalipurkki

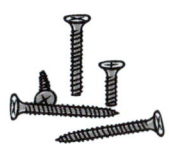

پیچ

ruuvit

## آلات موسیقی

## soittimet

ڈرم سیٹ
rummut

لاؤڈ اسپیکر
kaiuttimet

گٹار
kitara

ڈبل باس
kontrabasso

بگل
trumpetti

پیانو

piano

وائلن

viulu

موسیقی کی آواز

basso

ٹمپانی

patarummut

ڈھول، ڈرمز

rumpu

کی بورڈ

kosketinsoitin

سیکسوفون

saksofoni

بانسری

huilu

مائیکروفون

mikrofoni

# چڑیا گھر

# eläintarha

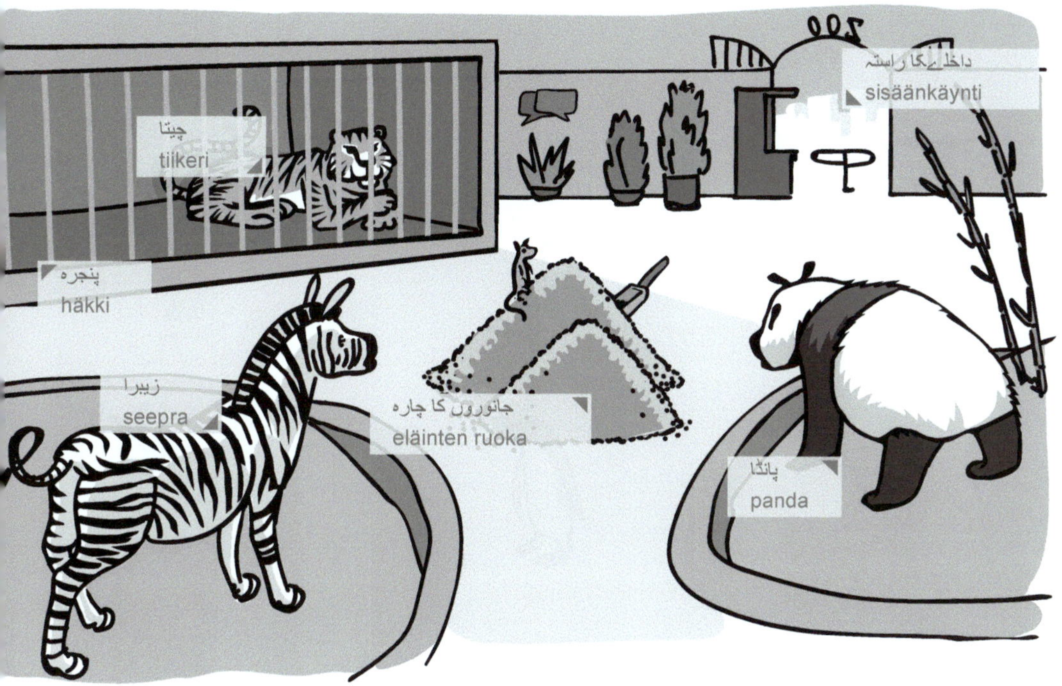

داخلے کا راستہ
sisäänkäynti
چیتا
tiikeri
پنجرہ
häkki
زیبرا
seepra
جانوروں کا چارہ
eläinten ruoka
پانڈا
panda


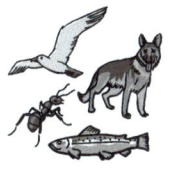

جانور

eläimet

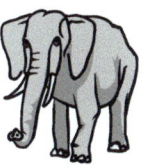

ہاتھی

norsu

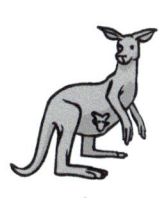

کینگرو

kenguru

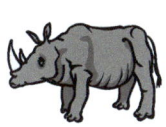

گینڈا

sarvikuono

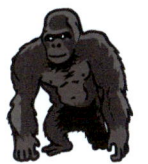

گوریلا

gorilla

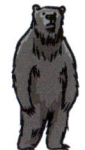

ریچھ

karhu

اونٹ
..............
kameli

شُترمُرغ
..............
strutsi

شیر
..............
leijona

بندر
..............
apina

فلیمنگو
..............
flamingo

طوطا
..............
papukaija

قطبی ریچھ
..............
jääkarhu

کبوتر
..............
pingviini

شارک
..............
hai

مور
..............
riikinkukko

سانپ
..............
käärme

مگرمچھ
..............
krokotiili

چڑیا گھر کا محافظ
..............
eläintarhanhoitaja

سیل
..............
hylje

امریکی تیندوا
..............
jaguaari

ٹٹو

poni

چیتا

leopardi

دریائی گھوڑا

virtahepo

زرافہ

kirahvi

عقاب

kotka

سؤر

villisika

مچھلی

kala

کچھوا

kilpikonna

سمندری گھوڑا

mursu

لومڑی

kettu

غزال ہرن

gaselli

امریکن فٹ بال
amerikkalainen jalkapallo

سائیکلنگ
pyöräily

ٹینس
tennis

باسکٹ بال
koripallo

پیراکی
uinti

آئس ہاکی
jääkiekko

باکسنگ
nyrkkeily

---

فٹ بال
jalkapallo

بیڈمنٹن
sulkapallo

اتھلیٹکس
yleisurheilu

ہینڈ بال
käsipallo

اسکیئنگ
hiihto

پولو
poolo

# سرگرمیاں

# aktiviteetit

ہنسنا
nauraa
چھلانگ لگ
pätä
گلے لگانا
halata
چلنا
kävellä
گانا
laulaa
خواب دیکھنا
unelmoida
دُعا کرنا
rukoilla
چُومنا
suudella


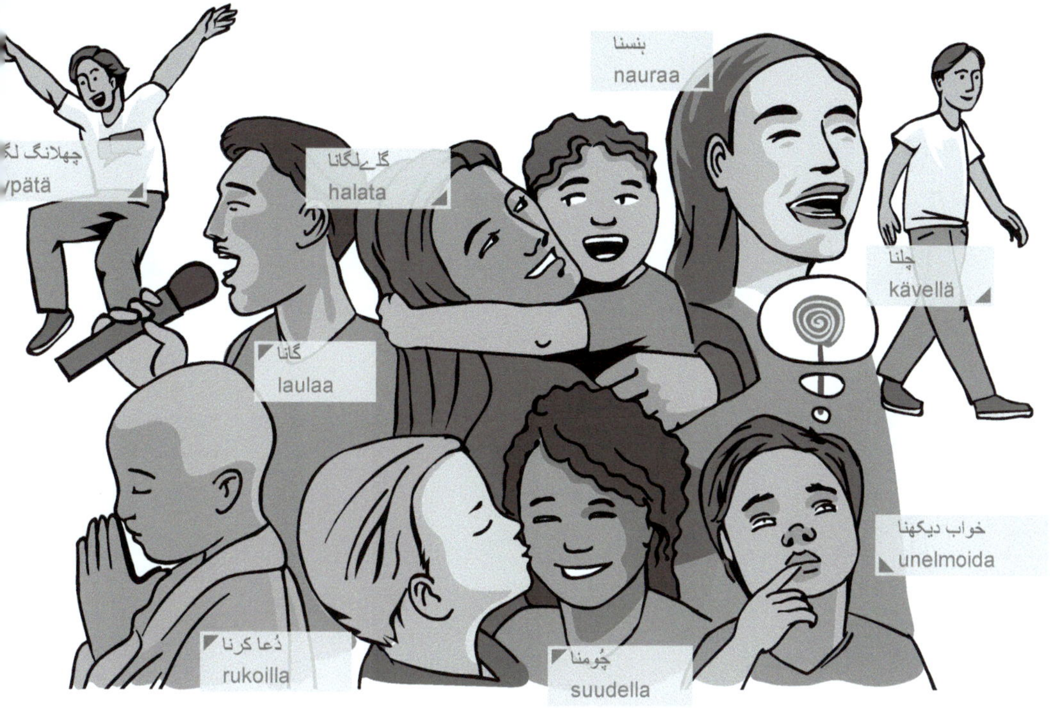

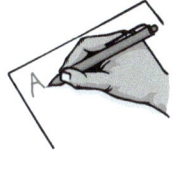

لکھنا

kirjoittaa

تصویرکشی کرنا

piirtää

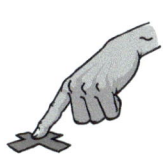

دکھانا

näyttää

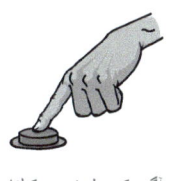

آگےکی طرف دھکیلنا

painaa

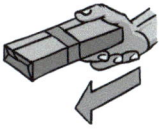

دینا

antaa

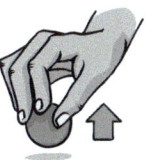

لینا

ottaa

رکھنا
..........
omistaa

کرنا
..........
tehdä

ہونا
..........
olla

کھڑا ہونا
..........
seisoa

دوڑنا
..........
juosta

کھینچنا
..........
vetää

پھینکنا
..........
heittää

گرنا
..........
kaatua

جھوٹ بولنا
..........
maata

انتظار کرنا
..........
odottaa

اٹھانا
..........
kantaa

بیٹھنا
..........
istua

ملبوس ہونا
..........
pukeutua

سونا
..........
nukkua

جاگنا
..........
herätä

دیکھنا

katsoa

رونا

itkeä

چٹ لگانا

silittää

کنگھی کرنا

kammata

بات کرنا

puhua

سمجھنا

ymmärtää

پوچھنا

kysyä

مُتوجہ ہونا

kuunnella

پینا

juoda

کھانا

syödä

صاف کرنا

siivota

پیارکرنا

rakastaa

پکانا

keittää

گاڑی چلانا

ajaa

اڑنا

lentää

بحری سفرکرنا

purjehtia

شمارکریں

laskea

پڑھنا

lukea

سیکھنا

oppia

کام کرنا

työskennellä

شادی کرنا

mennä naimisiin

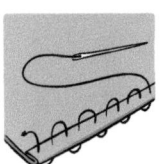

سینا

ommella

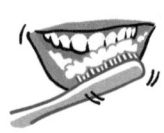

دانت صاف کرنا

pestä hampaat

جان سےماردینا

tappaa

تمباکونوشی کرنا

tupakoida

بھیجنا

lähettää

# خاندان

# perhe

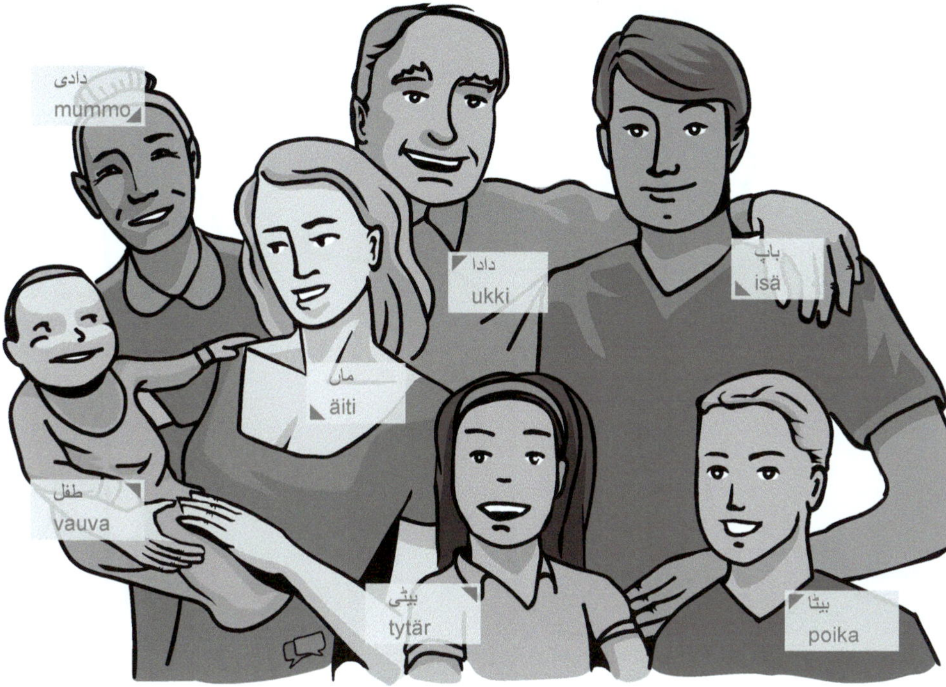
دادی
mummo
دادا
ukki
باپ
isä
ماں
äiti
طفل
vauva
بیٹی
tytär
بیٹا
poika

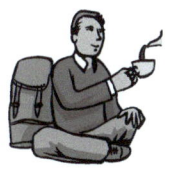

مہمان

vieras

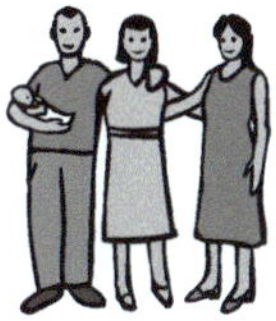

چچی

täti

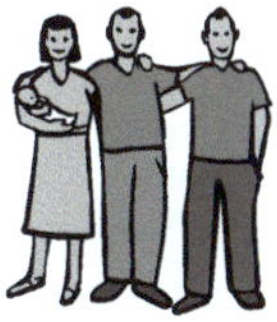

چچا

setä

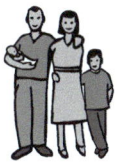

بھائی

veli

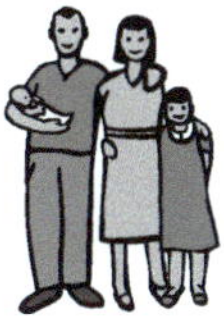

بہن

sisko

# جسم

# vartalo

ماتھا
otsa
آنکھ
silmä
کندھا
olkapää
اُنگلی
sormet
چہرہ
kasvot
ٹھوڑی
leuka
ہاتھ
käsi
چھاتی
rinta
ٹانگ
jalka
بازو
käsivarsi

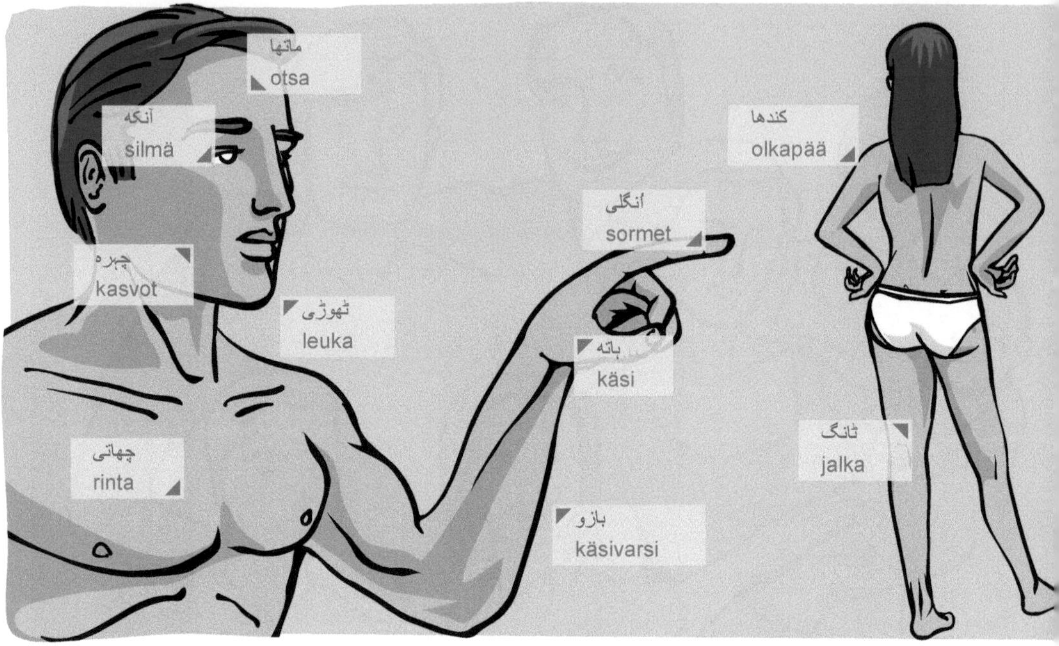

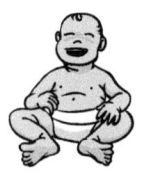

طفل

vauva

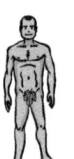

آدمی

mies

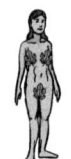

عورت

nainen

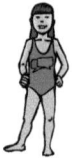

لڑکی

tyttö

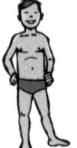

لڑکا

poika

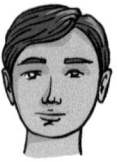

سر

pää

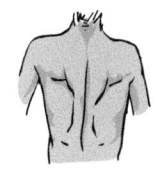

کمر
.............
selkä

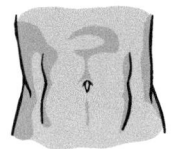

پیٹ
.............
maha

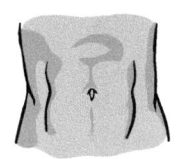

ناف
.............
napa

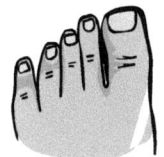

پاؤں کا انگوٹھا
.............
varvas

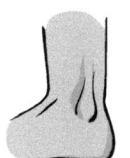

ایڑھی
.............
kantapää

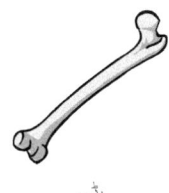

ہڈی
.............
luu

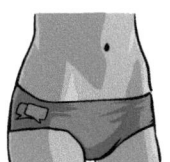

کولہا
.............
lantio

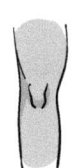

گھٹنا
.............
polvi

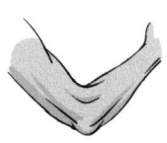

کہنی
.............
kyynärpää

ناک
.............
nenä

نچلا حصہ
.............
takapuoli

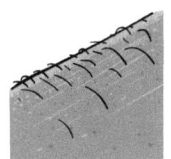

جلد
.............
iho

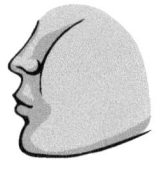

گال
.............
poski

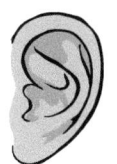

کان
.............
korva

ہونٹ
.............
huuli

مُنہ

suu

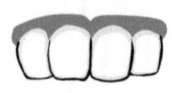

دانت

hammas

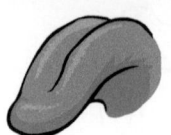

زُبان

kieli

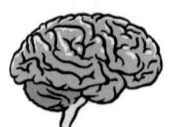

دماغ

aivot

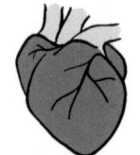

دل

sydän

پٹھہ

lihas

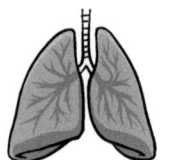

پھیپھڑا

keuhkot

جگر

maksa

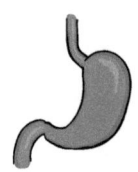

معدہ

vatsa

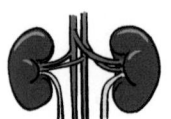

گردے

munuaiset

جنس

seksi

کنڈوم

kondomi

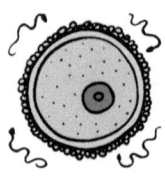

بیضہ

munasolu

مادہ منویہ

sperma

حمل

raskaus

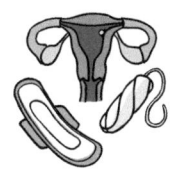

حيض

kuukautiset

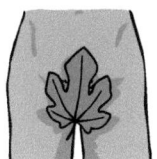

اندام نهانی

vagina

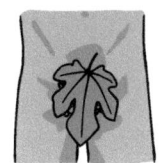

عضو تناسل

penis

بهنوين

kulmakarvat

بال

hiukset

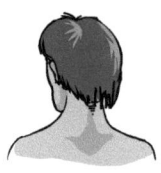

گردن

niska

# ہسپتال

# sairaala

ہسپتال
sairaala
ایمبولینس
ambulanssi
وہیل چیئر
pyörätuoli
ہڈی ٹوٹنا
murtuma


ڈاکٹر

lääkäri

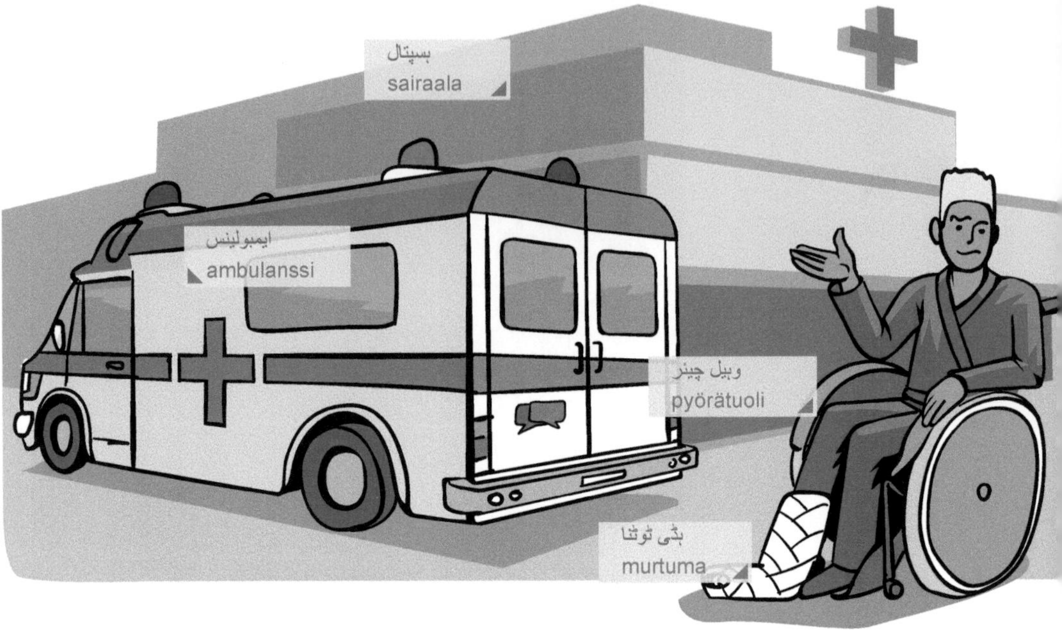

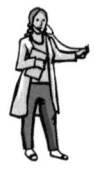

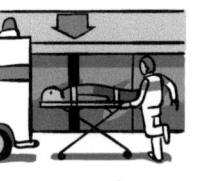

ہنگامی کمرہ

ensiapu

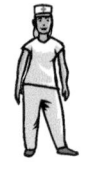

نرس

sairaanhoitaja

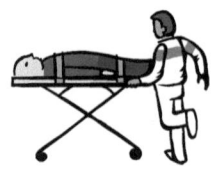

ہنگامی صورتحال

hätätilanne

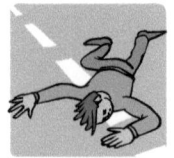

بےہوش

tajuton

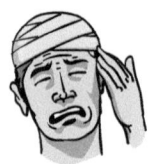

درد

kipu

زخم

vamma

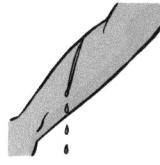

خون بہنا

verenvuoto

دل کا دورہ

sydänkohtaus

فالج

aivoinfarkti

الرجی

allergia

کھانسی

yskä

بخار

kuume

زکام

flunssa

اسہال

ripuli

سردرد

päänsärky

کینسر

syöpä

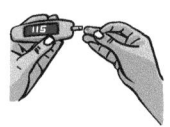

ذیابیطس

diabetes

سرجن

kirurgi

نشتَر

veitsi

آپریشن

leikkaus

سی ٹی

ct

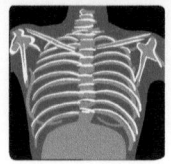

ایکس رے

röntgen

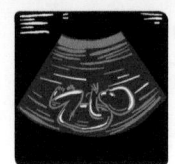

الٹراساؤنڈ

ultraääni

چہرے کا نقاب

maski

بیماری

sairaus

انتظارگاہ

odotushuone

بیساکھی

sauva

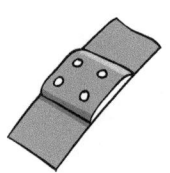

پلاسٹر

laastari

پٹی

side

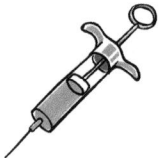

انجکشن

pistos

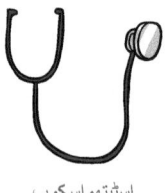

اسٹیتھواسکوپ

stetoskooppi

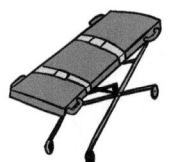

اسٹریچر

paarit

مطبی تھرما میٹر

kuumemittari

پیدائش

syntymä

حد سےزیادہ وزن

ylipaino

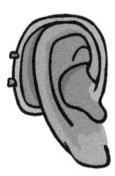

آلہ سماعت

kuulolaite

جراثیم کش

desinfiointiaine

انفیکشن

infektio

وائرس

virus

ایچ آئی وی/ ایڈز

HIV / AIDS

دوا

lääke

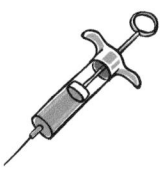

ویکسی نیشن

rokotus

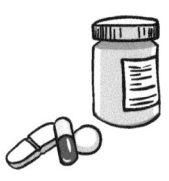

گولیاں

tabletit

گولی

pilleri

ہنگامی کال

hätäpuhelu

بلڈ پریشرمانیٹر

verenpainemittari

بیمار/ صحتمند

sairas / terve

مدد!
........
Apua!

الارم
........
hälytys

مُجرمانہ حملہ
........
ryöstö

حملہ
........
hyökkäys

خطرہ
........
vaara

بنگامی راستہ
........
hätäuloskäynti

آگ!
........
Tulipalo!

آگ بُجھانے والہ آلہ
........
palosammutin

حادثہ
........
onnettomuus

ابتدائی طبی امداد کی کٹ
........
ensiapulaukku

ایس اوایس
........
SOS

پولیس
........
poliisilaitos

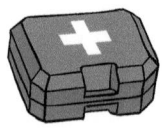

یورپ

Eurooppa

شمالی امریکہ

Pohjois-Amerikka

جنوبی امریکہ

Etelä-Amerikka

افریقہ

Afrikka

ایشیا

Aasia

آسٹریلیا

Australia

بحراوقیانوس

Atlantin valtameri

بحرالکابل

Tyynimeri

بحربند

Intian valtameri

بحرقُطب جنوبی

Eteläinen jäämeri

بحرقُطب شمالی

Pohjoinen jäämeri

قطب شمالی

pohjoisnapa

قُطب جنوبی

etelänapa

انٹارکٹیکا

Antarktis

زمین

maa

زمین

maa

سمندر

meri

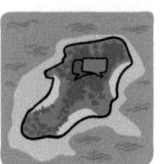

جزیرہ

saari

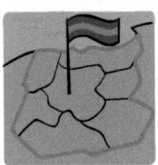

قوم

kansa

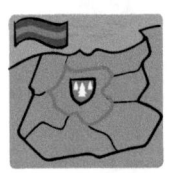

ریاست

osavaltio

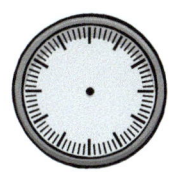

كلاک کا سامنےکا حصہ

kellotaulu

گھنٹوں والی سوئی

tuntiviisari

منٹوں والی سوئی

minuuttiviisari

سیکنڈ ہینڈ

sekuntiviisari

کیا وقت ہوا ہے؟

Paljonko kello on?

دن

päivä

وقت

aika

اب

nyt

ڈیجیٹل گھڑی

digitaalikello

منٹ

minuutti

گھنٹہ

tunti

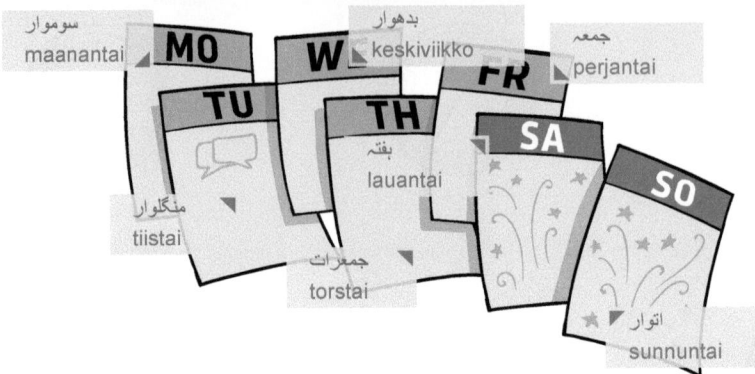

سوموار
maanantai

بدھوار
keskiviikko

جمعہ
perjantai

TU

TH
ہفتہ
lauantai

SA

SO

منگلوار
tiistai

جمعرات
torstai

اتوار
sunnuntai

گزرا کل
eilen

آج
tänään

کل
huomenna

صبح
aamu

دوپہر
keskipäivä

شام
ilta

| MO | TU | WE | TH | FR | SA | SU |
|----|----|----|----|----|----|----|
| 1 | 2 | 3 | 4 | 5 | 6 | 7 |
| 8 | 9 | 10 | 11 | 12 | 13 | 14 |
| 15 | 16 | 17 | 18 | 19 | 20 | 21 |
| 22 | 23 | 24 | 25 | 26 | 27 | 28 |
| 29 | 30 | 31 | 1 | 2 | 3 | 4 |

کاروباری دن
työpäivät

| MO | TU | WE | TH | FR | SA | SU |
|----|----|----|----|----|----|----|
| 1 | 2 | 3 | 4 | 5 | 6 | 7 |
| 8 | 9 | 10 | 11 | 12 | 13 | 14 |
| 15 | 16 | 17 | 18 | 19 | 20 | 21 |
| 22 | 23 | 24 | 25 | 26 | 27 | 28 |
| 29 | 30 | 31 | 1 | 2 | 3 | 4 |

ہفتے کا اختتام
viikonloppu

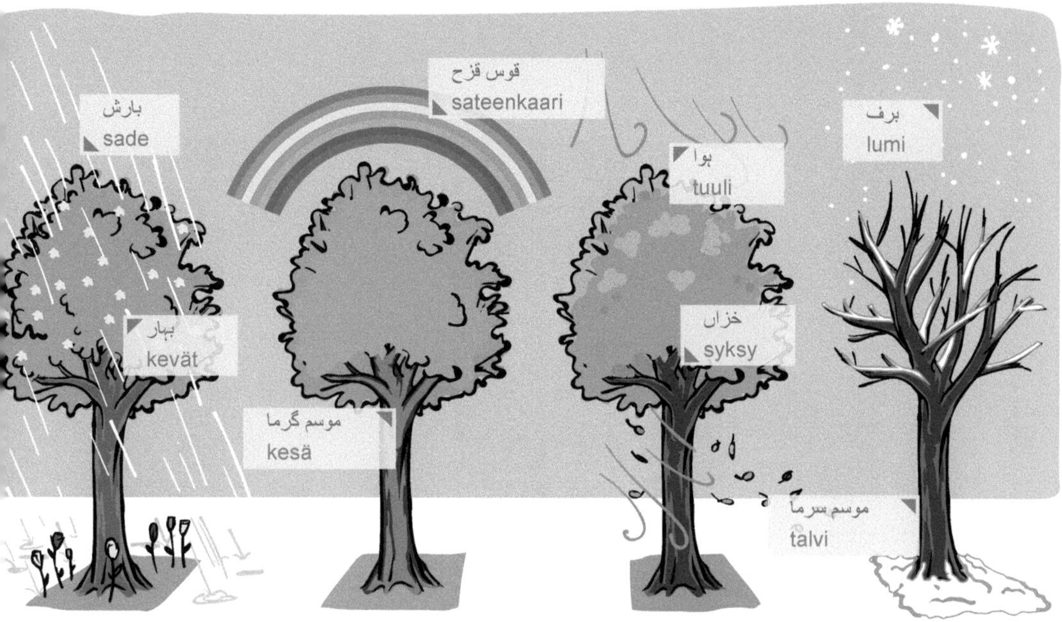

بارش
sade
قوس قزح
sateenkaari
ہوا
tuuli
برف
lumi
بہار
kevät
موسم گرما
kesä
خزاں
syksy
موسم سرما
talvi


4.APRIL 11°
5.APRIL 4°
6.APRIL 13°
7.APRIL 8°
8.APRIL 10°


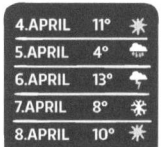

موسمی پیش گوئی
.................
sääennuste

F C
120 40
90 30
60 20
30 10
0 0
-30 -10
-20


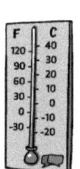

تھرما میٹر
.................
lämpömittari

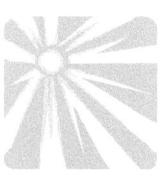

دھوپ
.................
auringonpaiste

بادل
.................
pilvi

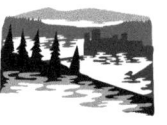

دُھند
.................
sumu

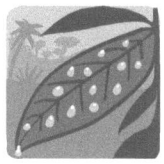

حبس
.................
ilmankosteus

بجلی کوندھنا

salama

بادلوں کی گرج

ukkonen

طوفان

myrsky

ژالہ باری

rae

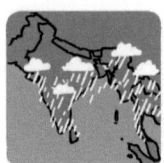

مون سون

monsuuni

سیلاب

tulva

برف

jää

جنوری

tammikuu

فروری

helmikuu

مارچ

maaliskuu

اپریل

huhtikuu

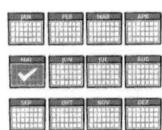

مئی

toukokuu

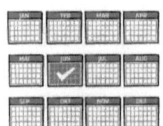

جون

kesäkuu

جولائی

heinäkuu

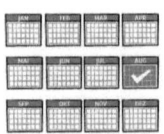

اگست

elokuu

ستمبر
.................
syyskuu

اكتوبر
.................
lokakuu

نوُمبر
.................
marraskuu

دسمبر
.................
joulukuu

## اشكال

# muodot

دائره
.................
ympyrä

چوكور
.................
neliö

مُستطيل
.................
suorakulmio

تكون
.................
kolmio

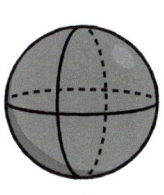

گره
.................
pallo

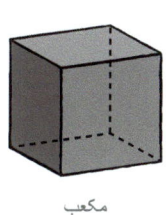

مكعب
.................
kuutio

سفید

valkoinen

پیلا

keltainen

نارنجی

oranssi

گلابی

vaaleanpunainen

سُرخ

punainen

جامنی

violetti

نیلا

sininen

سبز

vihreä

بھورا

ruskea

مٹیالا

harmaa

سیاہ

musta

بہت زیادہ / بہت کم

paljon / vähän

ناراض / پُرسکون

vihainen / ystävällinen

خوبصورت / بدصورت

kaunis / ruma

آغاز / اختتام

alku / loppu

بڑا / چھوٹا

suuri / pieni

روشن / اندھیرا

vaalea / tumma

بھائی / بہن

veli / sisko

صاف / گندا

puhdas / likainen

مکمل / نامکمل

täydellinen / epätäydellinen

دن / رات

päivä / yö

زندہ / مُردہ

kuollut / elävä

چوڑا / تنگ

leveä / kapea

کھانے کے قابل ہونا / کھانے کے قابل نہ ہونا

syötävä / syömäkelvoton

بُرا / اچھا

paha / kiltti

پُرجوش / بوریت کا شکار

innostunut / tylsistynyt

موٹا / دُبلا

lihava / laiha

پہلا / آخری

ensimmäinen / viimeinen

دوست / دُشمن

ystävä / vihollinen

بھرا ہوا / خالی

täysi / tyhjä

سخت / نرم

kova / pehmeä

بوجھل / ہلکا

painava / kevyt

بھوک / پیاس

nälkä / jano

بیمار / صحتمند

sairas / terve

غیرقانونی / قانونی

laiton / laillinen

عقلمند / بیوقوف

älykäs / tyhmä

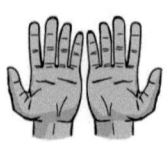

بائیں / دائیں

vasen / oikea

نزدیک / دور

lähellä / kaukana

نیا / پُرانا

uusi / käytetty

کچھ نہیں / کچھ ہے

ei mitään / jotain

بوڑھا / نوجوان

vanha / nuori

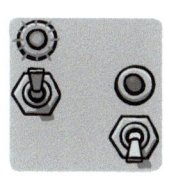
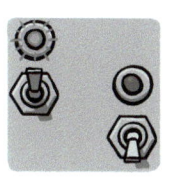

آن / آف

päällä / pois päältä

کھلا / بند

auki / kiinni

خاموش / بُلند آواز

hiljainen / äänekäs

امیر / غریب

rikas / köyhä

ٹھیک / غلط

oikein / väärin

کھُردرا / ہموار

karhea / sileä

افسردہ / خوش

surullinen / iloinen

مُختصر / طویل

lyhyt / pitkä

آہستہ / تیز

hidas / nopea

گیلا / خُشک

märkä / kuiva

گرم / ٹھنڈا

lämmin / viileä

جنگ / امن

sota / rauha

# numerot

| | | |
|:---:|:---:|:---:|
| **0** | **1** | **2** |
| صفر | ایک | دو |
| nolla | yksi | kaksi |
| **3** | **4** | **5** |
| تین | چار | پانچ |
| kolme | neljä | viisi |
| **6** | **7** | **8** |
| چھ | سات | آٹھ |
| kuusi | seitsemän | kahdeksan |
| **9** | **10** | **11** |
| نو | دس | گیاره |
| yhdeksän | kymmenen | yksitoista |

**12**

باره

kaksitoista

**13**

تیره

kolmetoista

**14**

چوده

neljätoista

**15**

پندره

viisitoista

**16**

سوله

kuusitoista

**17**

ستره

seitsemäntoista

**18**

اٹھاره

kahdeksantoista

**19**

اُنیس

yhdeksäntoista

**20**

بیس

kaksikymmentä

**100**

سو

sata

**1.000**

ہزار

tuhat

**1.000.000**

دس لاکه

miljoona

انگریزی

englanti

امریکی انگریزی

amerikanenglanti

چینی مینڈارین

mandariinikiina

ہندی

hindi

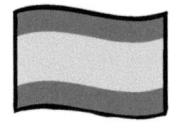

ہسپانوی

espanja

فرانسیسی

ranska

عربی

arabia

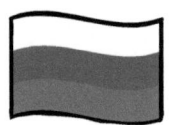

روسی

venäjä

پُرتگالی

portugali

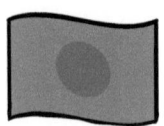

بنگالی

bengali

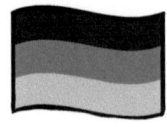

جرمن

saksa

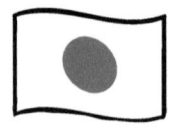

جاپانی

japani

میں

minä

تم

sinä

وہ (لڑکا) / وہ (لڑکی) / یہ

hän

ہم

me

تم

te

وہ

he

کون؟

kuka?

کیا؟

mitä / mikä?

کیسے؟

miten?

کہاں؟

missä?

کب؟

milloin?

نام

nimi

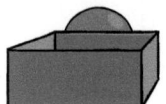

پیچھے

takana

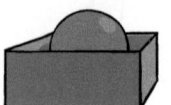

میں

sisällä

کے سامنے

edessä

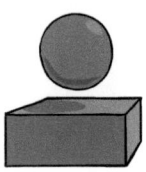

اوپر

yläpuolella

پر

päällä

نیچے

alapuolella

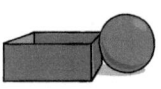

ساتھ

vieressä

درمیان

välissä

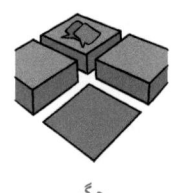

جگہ

paikka